블렌더로 배우는 3D 모델링

Blender CoSpaces

초판 발행일 | 2022년 4월 25일
지은이 | 김민정
발행인 | 최용섭
책임편집 | 이준우
기획진행 | 김미경

㈜해람북스 **주소** | 서울시 용산구 한남대로 11길 12, 6층
문의전화 | 02-6337-5419
팩스 | 02-6337-5429
홈페이지 | http://class.edupartner.co.kr

발행처 | (주)미래엔에듀파트너
출판등록번호 | 제2016-000047호

ISBN 979-11-6571-172-6 (13000)

이 책의 구성

1 학습내용 알아보기

단원별로 학습할 내용을 요약 정리하여 어떤 내용을 배울지 미리 확인할 수 있어요.

2 학습 목표

본 단원을 학습함으로써 기대할 수 있는 학습 효과에는 어떤 것들이 있는지 알 수 있어요.

3 3D 모델링 작품 스케치하기

3D 모델링 작품을 완성하기 위해 사용할 오브젝트를 확인하고 이를 바탕으로 만들고 싶은 3D 모델링 작품을 스케치해 볼 수 있어요.

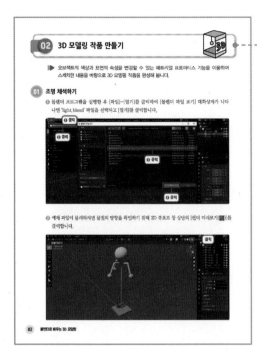

④ 3D 모델링 작품 만들기

3D 모델링 작품을 만들기 위해 필요한 프로그램 기능을 학습하고, 배운 기능을 바탕으로 나만의 3D 모델링 작품을 만들 수 있어요.

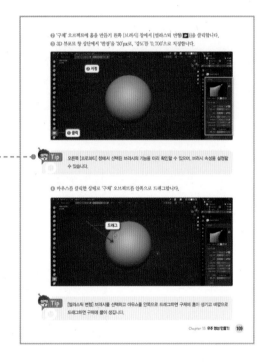

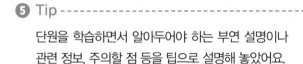

⑤ Tip

단원을 학습하면서 알아두어야 하는 부연 설명이나 관련 정보, 주의할 점 등을 팁으로 설명해 놓았어요.

⑥ 코스페이시스 활용

블렌더로 완성한 3D 모델링 작품을 코스페이시스로 업로드하여 우주 공간을 완성하고 직접 디자인한 우주 공간을 가상현실(VR)로 체험할 수 있어요.

3D 모델링 작품 프린트 방법

❶ [파일]-[내보내기]-[Stl(.Stl)]을 클릭하여 블렌더에서 작업한 파일을 저장합니다.

❷ 3D 프린터를 이용하여 제작한 3D 모델링 작품을 프린트하기 위해 저장한 'Stl' 파일을 슬라이싱 프로그램으로 불러와 프린팅 속성 값을 지정한 후 'Gcode' 파일로 변환합니다.

> **Tip**
> 3D 프린트를 위한 슬라이싱 프로그램에는 여러 종류가 있으며, 교재에서는 '큐라(Cura)' 프로그램을 기준으로 설명하였습니다.

❸ [File]-[Save GCode]를 클릭하여 'Gcode' 파일을 3D 프린터의 메모리 카드에 저장합니다.

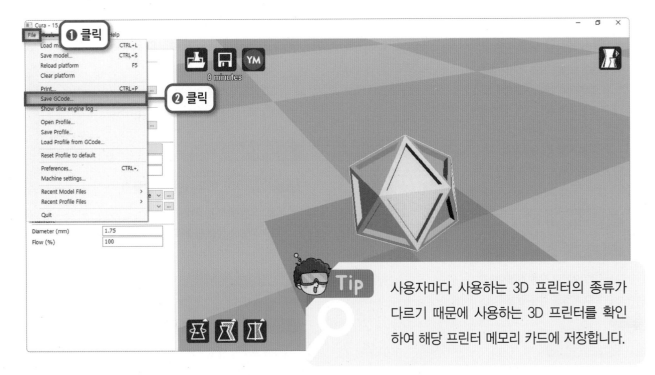

사용자마다 사용하는 3D 프린터의 종류가 다르기 때문에 사용하는 3D 프린터를 확인하여 해당 프린터 메모리 카드에 저장합니다.

❹ 3D 프린터로 제작한 3D 모델링 작품을 프린트하여 출력된 작품을 확인합니다.

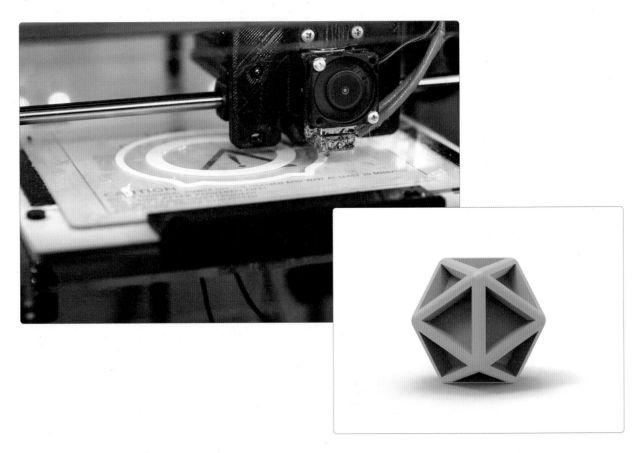

차 례

01

Chapter

블렌더와 친해지기

학습내용 알아보기

• 블렌더 프로그램을 실행하고 블렌더의 화면 구성과 제어 방법을 알아봅니다.
• 오브젝트를 추가하고 위치를 변경하는 방법을 알아봅니다.

◆ **예제 파일** | 없음 ◆ **완성 파일** | test.stl

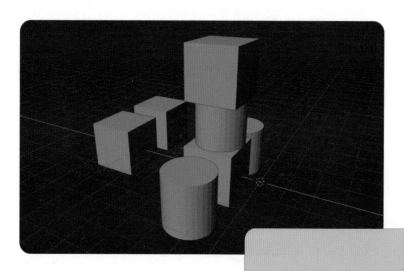

학습 목표

• 블렌더 프로그램을 실행하고 화면을 제어할 수 있습니다.
• 단축키를 이용하여 오브젝트를 추가할 수 있습니다.
• 추가한 오브젝트의 위치를 변경하여 오브젝트를 쌓아 올릴 수 있습니다.
• 완성한 작품을 저장할 수 있습니다.

01 3D 모델링 작품 스케치하기

▶▶ 블렌더를 이용하여 모델링하기 전 3D 모델링에 사용할 오브젝트를 확인하고, 모델링할 작품을 스케치해 봅니다.

● 사용할 오브젝트 확인하기

▲ 큐브

▲ 실린더

● 작품 스케치하기

앞으로 우리는 우주 탐험가가 되어 우주선에서 사용할 소품과 가구 및 우주에 사는 외계인과 우주 탐사선 등을 3D로 모델링하여 가상의 우주 탐사 공간을 만들 예정입니다. 이번 시간에는 3D 모델링 프로그램인 블렌더의 화면 구성을 알아보고, 오브젝트를 쌓아보며 블렌더의 기본 조작 방법에 대해 알아봅니다. 큐브와 실린더 오브젝트를 어떻게 쌓을지 스케치해 봅니다.

• 교재에서는 블렌더 3.1.0 버전을 사용하였습니다. 다른 버전을 설치할 경우, 교재에서 사용된 기능의 이름과 설명 방법이 다를 수 있습니다.

• 프로그램 설치 및 한국어 설정 방법은 홈페이지 자료실에서 제공하는 [프로그램 사용 방법] 파일을 확인하시기 바랍니다.

블렌더의 화면 구성 알아보기

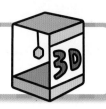

▶▶ 블렌더를 실행하여 화면 구성을 살펴보고 프로그램의 기본 조작 방법에 대해 알아봅니다.

❶ 블렌더 아이콘(🔵)을 더블클릭하여 프로그램을 실행하고 프로그램이 실행되면 화면 구성을 확인합니다.

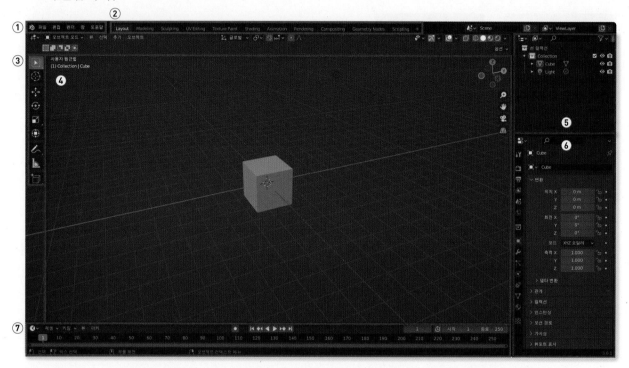

① **상단 메뉴** : 파일 저장, 파일 열기, 다시 실행, 실행 취소, 렌더링 실행과 같은 기본적인 메뉴를 제공합니다.

② **워크페이스** : 각 탭을 선택하여 모델링, 애니메이션, 렌더링 등에 최적화된 화면 레이아웃을 확인할 수 있습니다.

③ **도구 모음** : 오브젝트를 편집하기 위해 사용하는 도구들이 표시됩니다.

④ **3D 뷰포트** : 모델링, 씬 구축 등 3D 모델링 제작을 위한 공간으로, 오브젝트를 편집하는 작업 공간입니다.

⑤ **아웃라이너** : 배치된 오브젝트가 목록으로 표시됩니다.

⑥ **프로퍼티(속성)** : 오브젝트의 속성을 변경할 수 있는 창으로, 아이콘을 클릭하면 표시 항목이 변경됩니다.

⑦ **타임라인** : 애니메이션의 재생과 재생 시간 제어 등 애니메이션을 제작하고 설정할 수 있습니다.

❷ 3D 뷰포트 창의 좌표를 확인합니다.

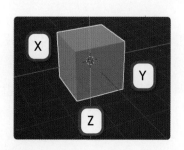

좌표 방향 확인

· **X좌표** : 빨간색 방향

· **Y좌표** : 조록색 방향

· **Z좌표** : 파란색 방향

블렌더의 화면 제어 방법 알아보기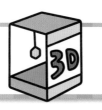

▶▶ 블렌더 3D 뷰포트 창에서 화면을 회전하고 이동시키는 방법에 대해 알아봅니다.

❶ 마우스 휠을 클릭하고 화면을 드래그하여 화면을 상하좌우로 회전시켜 봅니다.

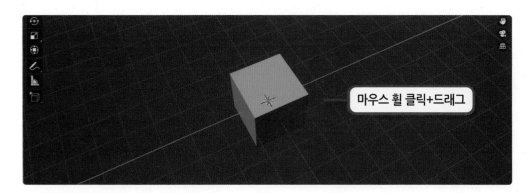

마우스 휠 클릭+드래그

❷ Shift 키를 누른 상태로 마우스 휠을 클릭하고 화면을 드래그하여 화면을 상하좌우로 이동시켜 봅니다.

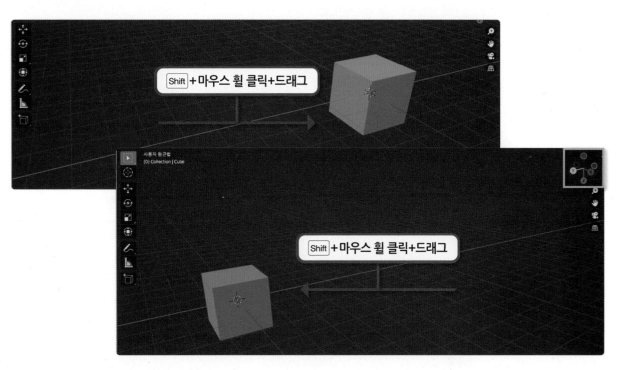

Shift +마우스 휠 클릭+드래그

Shift +마우스 휠 클릭+드래그

 프리셋 뷰포트

화면의 시점을 확인할 수 있습니다. 화면을 회전시켜 프리셋 뷰포트를 교재와 동일하게 조절한 후 작업합니다.

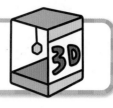

▶▶ 오브젝트를 X, Y, Z축으로 이동시키는 방법에 대해 알아봅니다.

❶ '큐브' 오브젝트를 선택하고 G 키와 X 키를 순서대로 누른 후 마우스를 드래그하여 오브젝트의 X좌표 위치가 이동되는 것을 확인합니다. 위치 이동을 마치고 싶으면 화면을 클릭합니다.

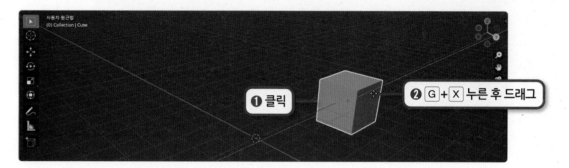

 단축키 알아보기

- G : 오브젝트의 위치를 변경합니다.
- G + X : X좌표(빨간색)를 기준으로 오브젝트의 위치가 변경됩니다.
- G + Y : Y좌표(초록색)를 기준으로 오브젝트의 위치가 변경됩니다.
- G + Z : Z좌표(파란색)를 기준으로 오브젝트의 위치가 변경됩니다.

❷ 같은 방법으로 단축키를 이용하여 '큐브' 오브젝트의 Y좌표와 Z좌표의 위치를 이동시켜 봅니다.

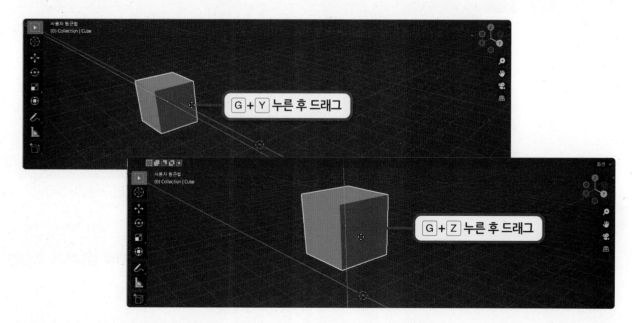

05 **화면 확대 및 축소하기**

▶▶ 3D 모델링 작업 시 오브젝트를 더욱 정교하게 편집하기 위해 화면을 확대하고 축소하는 방법에 대해 알아봅니다.

❶ 3D 뷰포트 창에서 마우스 휠을 위로 밀어 화면을 확대해 봅니다.

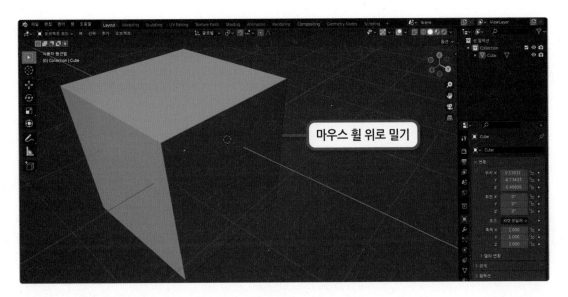

❷ 이어서 마우스 휠을 아래로 당겨 화면을 축소해 봅니다.

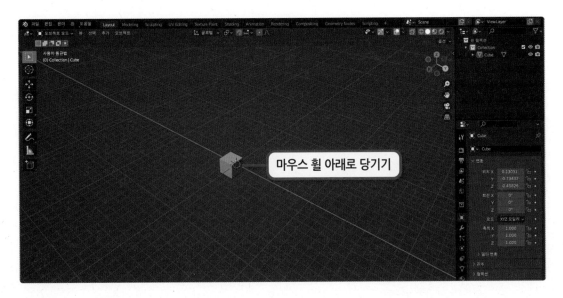

 3D 모델링 작업 시 화면 전환과 함께 화면 확대 및 축소 기능을 많이 사용하므로, 화면 제어 연습을 충분히 하도록 합니다.

06 오브젝트 추가하고 쌓기

▶▶ 3D 뷰포트 창에 새로운 오브젝트를 추가하여 위치를 이동시켜보고 오브젝트를 쌓아 봅니다.

❶ 3D 뷰포트 창에 마우스 포인터를 위치시킨 후 Shift + A 키를 눌러 [추가] 팝업 창이 나타나면 [메쉬]-[실린더]를 클릭합니다.

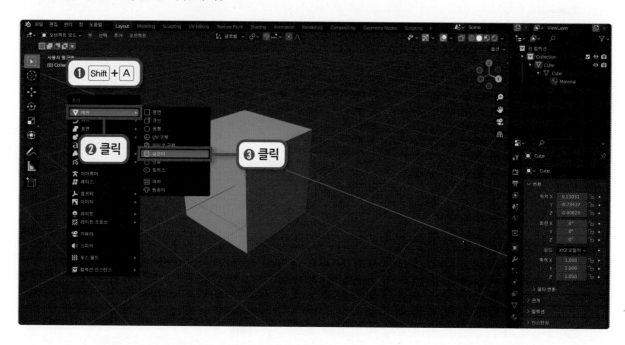

❷ '실린더' 오브젝트가 추가되면 오브젝트를 선택한 후 G 키와 X, Y, Z 키를 이용하여 그림과 같이 오브젝트의 위치를 변경해 봅니다.

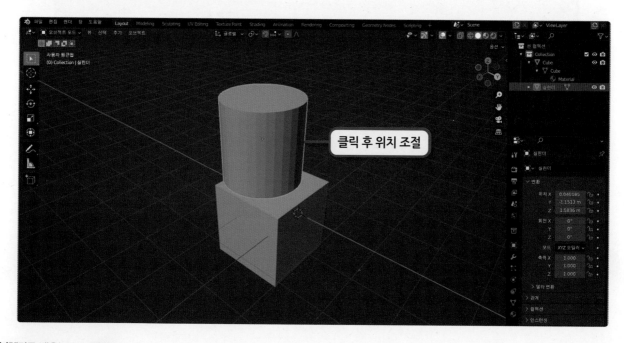

❸ '큐브', '실린더' 오브젝트를 추가하고 위치를 변경하여 앞서 스케치한 내용을 바탕으로 오브젝트를 자유롭게 쌓아 봅니다.

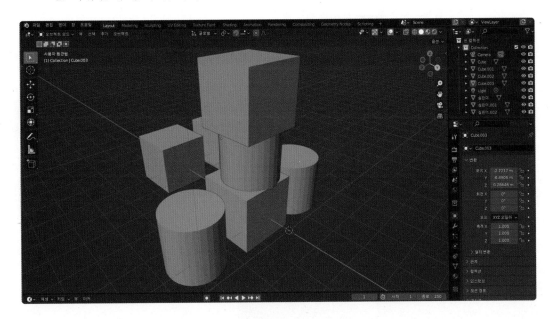

❹ 마우스 휠을 클릭한 상태로 화면을 드래그하여 쌓은 오브젝트를 확인합니다.

❺ 완성한 3D 모델링 작품을 저장하기 위해 [파일]–[내보내기]–[Stl(.stl)]을 클릭하여 [블렌더 파일 보기] 대화상자가 나타나면 저장 위치를 지정하고 파일 이름('test')을 입력한 후 [STL을 내보내기]를 클릭합니다.

Tip

편집 파일 저장하기

[파일]–[저장]을 클릭하여 [블렌더 파일 보기] 대화상자가 나타나면 저장 위치와 파일 이름을 지정한 후 [블렌더 파일 저장]을 클릭합니다. 확장자 '.blend'로 저장한 파일은 추후 다시 편집이 가능합니다.

02
Chapter

책상 만들기

학습내용 알아보기

- 오브젝트의 크기를 변경하여 책상의 상판을 만드는 방법을 알아봅니다.
- 오브젝트를 복제하여 책상의 다리를 만드는 방법을 알아봅니다.
- 화면의 시점을 전환하여 오브젝트의 정확한 위치를 확인하는 방법을 알아봅니다.

♥ **예제 파일** | 없음 ♥ **완성 파일** | table.stl

학습 목표

- 오브젝트의 너비와 높이를 조절할 수 있습니다.
- 단축키를 이용하여 오브젝트를 복제할 수 있습니다.
- 단축키를 이용하여 화면의 시점을 변경할 수 있습니다.

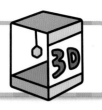

01 3D 모델링 작품 스케치하기

▶▶ 블렌더를 이용하여 모델링하기 전 3D 모델링에 사용할 오브젝트를 확인하고, 모델링할 작품을 스케치해 봅니다.

● 사용할 오브젝트 확인하기

▲ 큐브

● 작품 스케치하기

이번 시간에는 오브젝트의 크기와 위치를 조절하고, 오브젝트를 복제하여 우주선에서 사용할 나만의 책상을 모델링하려고 합니다. 큐브 오브젝트를 이용하여 우주선에서 사용할 나만의 책상을 스케치해 봅니다.

사용할 오브젝트를 확인하고 해당 오브젝트만 이용하여 모델링할 수 있도록 작품을 스케치합니다.

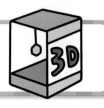

▶▶ 오브젝트 크기 및 위치 변경, 복제 기능을 이용하여 스케치한 내용을 바탕으로 3D 모델링 작품을 완성해 봅니다.

01 책상 상판 만들기

❶ 블렌더 프로그램을 실행한 후 마우스 휠을 위로 밀어 화면을 확대합니다.

❷ 이어서 '큐브' 오브젝트를 선택합니다. ⓢ 키와 ⓩ 키를 순서대로 누르고 마우스를 드래그하여 그림과 같이 오브젝트의 높이를 조절한 후 화면을 클릭하여 높이 조절을 마칩니다.

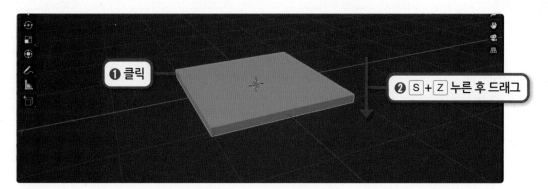

 단축키 알아보기

- ⓢ : 오브젝트의 크기를 변경합니다.
- ⓢ+Ⓧ : X좌표(빨간색)를 기준으로 오브젝트의 크기가 변경됩니다.
- ⓢ+Ⓨ : Y좌표(초록색)를 기준으로 오브젝트의 크기가 변경됩니다.
- ⓢ+ⓩ : Z좌표(파란색)를 기준으로 오브젝트의 크기가 변경됩니다.

❸ 같은 방법으로 ⓢ 키와 Ⓨ 키를 순서대로 누른 후 마우스를 드래그하여 오브젝트의 너비를 변경합니다.

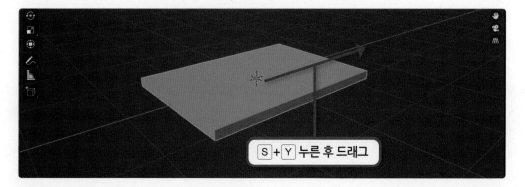

책상 다리 만들기

❶ 3D 뷰포트 창에 마우스 포인터를 위치시킨 후 Shift + A 키를 눌러 [추가] 팝업 창이 나타나면 [메쉬]-[큐브]를 클릭합니다.

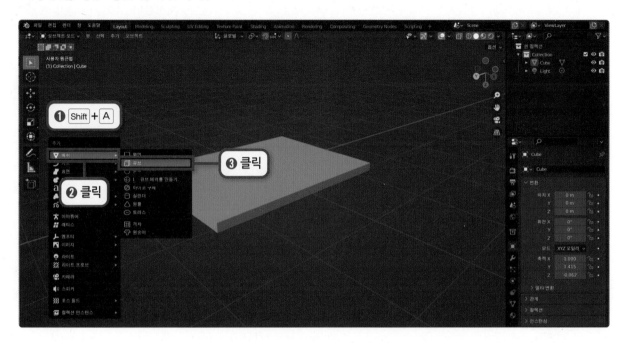

❷ '큐브' 오브젝트가 추가되면 오브젝트를 선택한 후 S 키를 누르고 드래그하여 오브젝트의 크기를 변경합니다.

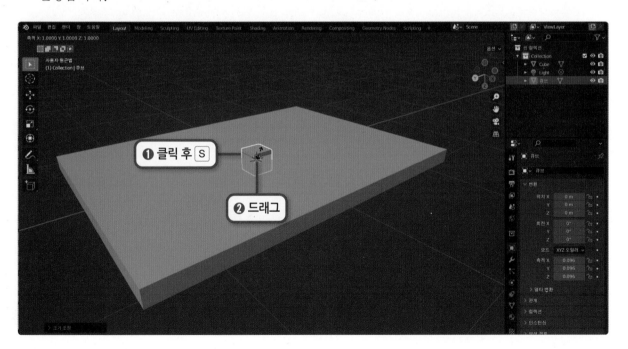

 Tip 추가한 '큐브' 오브젝트의 너비는 책상 다리의 두께를 결정합니다. 앞서 만든 상판의 크기를 고려하여 '큐브' 오브젝트의 너비를 조절해 봅니다.

❸ 오브젝트의 높이를 변경하기 전에 오브젝트의 중심점에 마우스 포인터를 가깝게 위치시킵니다.

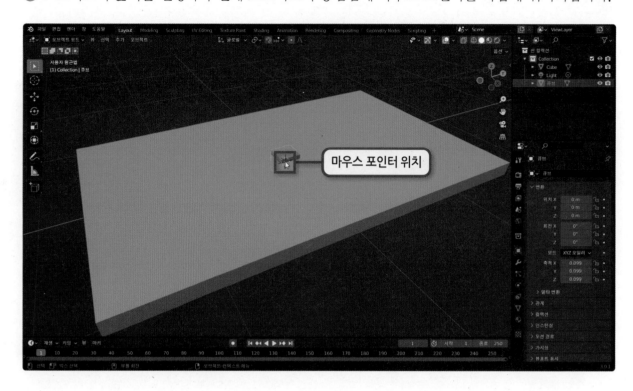

❹ 이어서 S 키와 Z 키를 순서대로 누른 후 마우스를 드래그하여 오브젝트의 높이를 조절합니다.

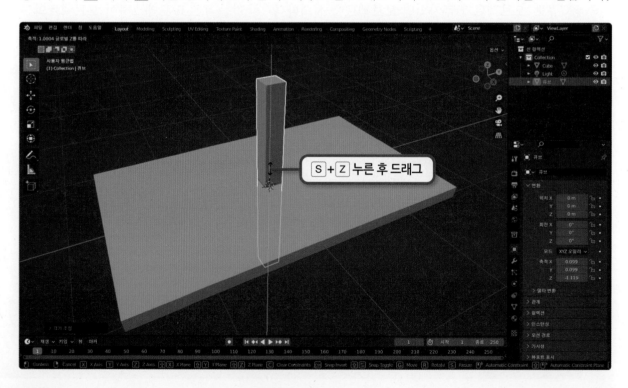

'큐브' 오브젝트의 높이는 책상의 높이를 결정합니다. 상판의 크기를 고려하여 '큐브' 오브젝트의 높이를 조절해 봅니다.

03 책상 완성하기

❶ 키보드 오른쪽 숫자 패드 중 ③ 키를 눌러 화면을 '오른쪽 정사법'으로 전환합니다.

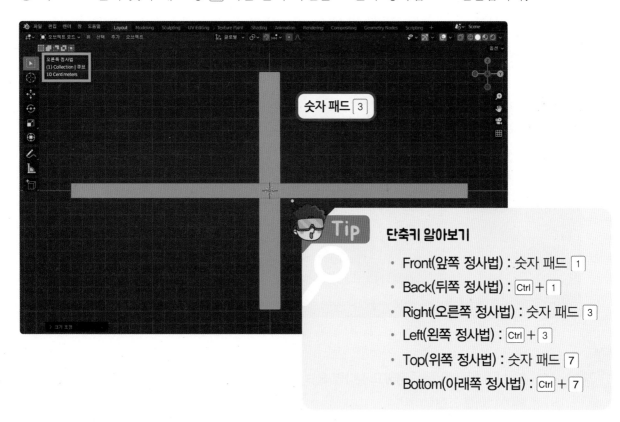

단축키 알아보기

- Front(앞쪽 정사법) : 숫자 패드 ①
- Back(뒤쪽 정사법) : Ctrl + ①
- Right(오른쪽 정사법) : 숫자 패드 ③
- Left(왼쪽 정사법) : Ctrl + ③
- Top(위쪽 정사법) : 숫자 패드 ⑦
- Bottom(아래쪽 정사법) : Ctrl + ⑦

❷ 책상의 다리가 될 '큐브' 오브젝트를 선택하고 G 키와 Z 키를 순서대로 누른 후 Z축(파란색)을 기준으로 책상의 다리가 상판을 뚫고 나오지 않도록 오브젝트의 위치를 변경합니다.

❸ 이어서 G 키와 Y 키를 순서대로 누른 후 Y축(초록색)을 기준으로 오브젝트의 위치를 변경합니다.

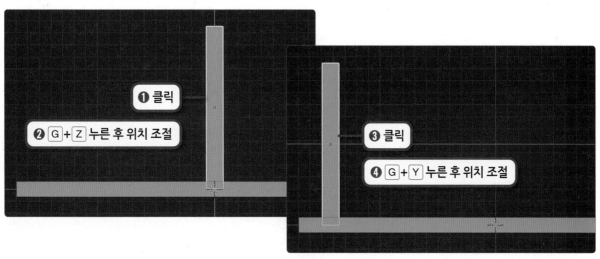

책상 다리의 길이를 수정하고 싶다면 오브젝트를 선택한 후 S + Z 키를 누르고 마우스를 드래그하여 높이를 조절합니다.

❹ 이어서 키보드 오른쪽 숫자 패드의 $\boxed{1}$ 키를 눌러 화면을 '앞쪽 정사법'으로 전환합니다.

❺ 책상 다리 오브젝트를 선택하고 $\boxed{G}$ 키와 $\boxed{X}$ 키를 순서대로 누른 후 마우스를 드래그하여 X축(빨간색)을 기준으로 오브젝트의 위치를 변경합니다.

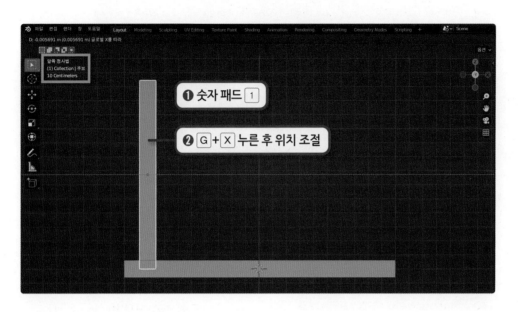

Tip 책상 다리의 너비를 수정하고 싶다면 오브젝트를 선택한 후 $\boxed{S}$ + $\boxed{X}$ 키를 누르고 마우스를 드래그하여 너비를 조절합니다.

❻ 키보드 오른쪽 숫자 패드의 $\boxed{7}$ 키를 눌러 화면을 '위쪽 정사법'으로 전환합니다. 이어서 책상 다리 오브젝트를 선택하고 $\boxed{Shift}$ + $\boxed{D}$ 키를 누른 후 $\boxed{Enter}$ 키를 눌러 오브젝트를 복제합니다.

❼ 복제된 오브젝트를 선택하고 $\boxed{G}$ 키와 $\boxed{X}$ 키를 순서대로 누른 후 X축(빨간색)을 기준으로 오브젝트의 위치를 변경합니다.

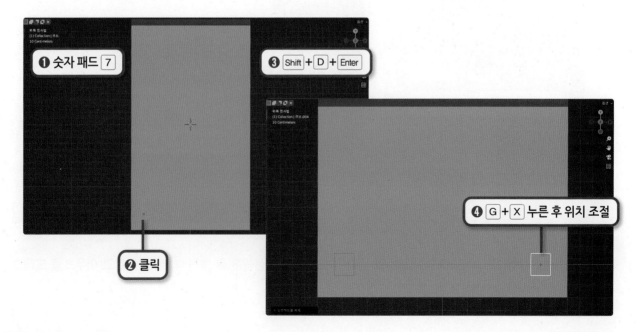

⑧ ⑥~⑦과 같은 방법으로 다른 쪽 다리도 복제하여 위치를 변경합니다.

⑨ 키보드 오른쪽 숫자 패드의 ③ 키를 눌러 화면을 '오른쪽 정사법'으로 전환합니다.

⑩ 책상 상판 오브젝트를 선택한 후 G 키와 Z 키를 순서대로 누른 후 마우스를 드래그하여 Z축
(파란색)을 기준으로 오브젝트의 위치를 변경합니다.

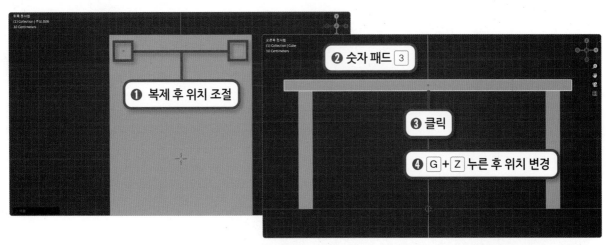

Tip

원근법과 정사법

- **원근법** : 크기가 같은 오브젝트라도 거리에 따라 크기가 다르게 보이는 투사법
- **정사법** : 거리와 상관 없이 오브젝트의 크기가 같다면 같은 크기로 보이는 투사법

⑪ 마우스 휠을 누른 상태로 화면을 드래그하여 완성된 책상을 확인합니다.

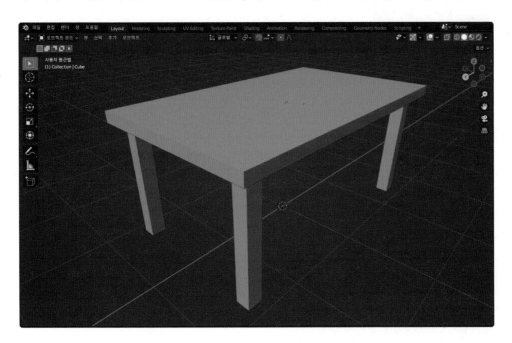

⑫ [파일]-[내보내기]-[Stl(.stl)]을 클릭하여 [블렌더 파일 보기] 대화상자가 나타나면 저장 위치와
파일 이름('table')을 지정한 후 [STL을 내보내기]를 클릭하여 작품을 저장합니다.

03
Chapter

원형 의자 만들기

학습내용 알아보기

- 실린더 오브젝트를 추가하고 높이를 조절하는 방법을 알아봅니다.
- 오브젝트의 페이스(면)를 돌출시켜 원형 의자를 만드는 방법을 알아봅니다.

◆ **예제 파일** | 없음   ◆ **완성 파일** | chair.stl

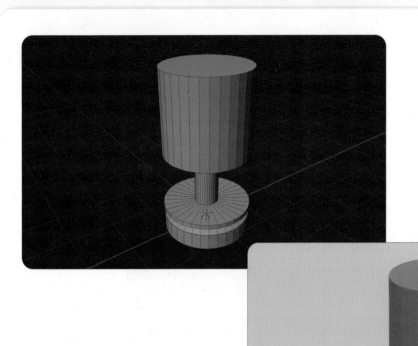

학습 목표

- 오브젝트의 너비와 높이를 조절할 수 있습니다.
- 에디트 모드를 이용하여 오브젝트의 페이스(면) 크기를 변경할 수 있습니다.
- 에디트 모드를 이용하여 오브젝트의 페이스(면)를 돌출시킬 수 있습니다.

01 3D 모델링 작품 스케치하기

▶▶ 블렌더를 이용하여 모델링하기 전 3D 모델링에 사용할 오브젝트를 확인하고, 모델링할 작품을 스케치해 봅니다.

● 사용할 오브젝트 확인하기

▲ 실린더

● 작품 스케치하기

이번 시간에는 블렌더의 페이스를 돌출 기능을 이용하여 오브젝트 페이스(면)를 돌출시키고, 돌출된 페이스(면)의 크기를 자유롭게 조절하여 우주선에서 사용할 나만의 의자를 모델링하려고 합니다. 실린더 오브젝트를 이용하여 우주선에서 사용할 나만의 의자를 스케치해 봅니다.

 Tip 사용할 오브젝트를 확인하고 해당 오브젝트만 이용하여 모델링할 수 있도록 작품을 스케치합니다.

02 3D 모델링 작품 만들기

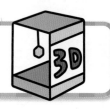

▶▶ 실린더 오브젝트를 추가하여 오브젝트의 페이스(면)를 돌출시키고 페이스의 크기를 변경하여
스케치한 내용을 바탕으로 3D 모델링 작품을 완성해 봅니다.

01 원형 의자 만들기

❶ 블렌더 프로그램을 실행한 후 장면에 추가되어 있는 '큐브' 오브젝트를 선택하고 Delete 키를 눌러
오브젝트를 삭제합니다.

❷ Shift + A 키를 눌러 [추가] 팝업 창이 나타나면 [메쉬]–[실린더]를 클릭하여 '실린더' 오브젝트를
추가합니다.

❸ 마우스 휠을 위로 밀어 화면을 확대하고 S 키와 Z 키를 순서대로 누른 후 마우스를 드래그하여
오브젝트의 높이를 변경합니다.

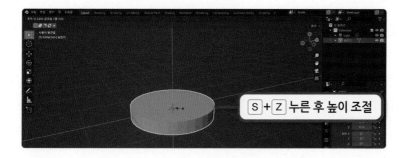

❹ 오브젝트를 편집하기 위해 3D 뷰포트 상단의 [오브젝트 모드]–[에디트 모드]를 클릭합니다.

 Tip

오브젝트 모드와 에디트 모드

- **오브젝트 모드** : 오브젝트를 하나의 덩어리로만 편집할 수 있어 버텍스(점), 엣지(선), 페이스(면)
등을 개별적으로 편집할 수 없습니다.
- **에디트 모드** : 특정 오브젝트의 버텍스(점), 엣지(선), 페이스(면)를 개별적으로 편집할 수 있어
오브젝트의 모양을 자유롭게 편집할 수 있습니다.

❺ 3D 뷰포트 창 상단의 [페이스(▣)]를 클릭한 후 화면의 빈 곳을 클릭하여 선택되어 있는 오브젝트를 선택 해제합니다.

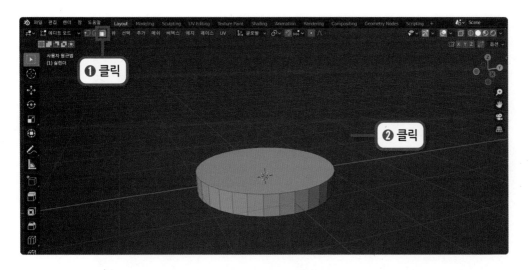

❻ '실린더' 오브젝트의 위쪽 페이스(면)를 클릭한 후 마우스 오른쪽 버튼을 클릭하여 [페이스 컨텍스트 메뉴] 팝업 창이 나타나면 [페이스를 돌출]을 클릭합니다.

❼ 마우스를 위쪽으로 드래그하여 돌출된 위쪽 페이스의 높이를 조절하고 마우스를 클릭하여 높이 설정을 마무리합니다.

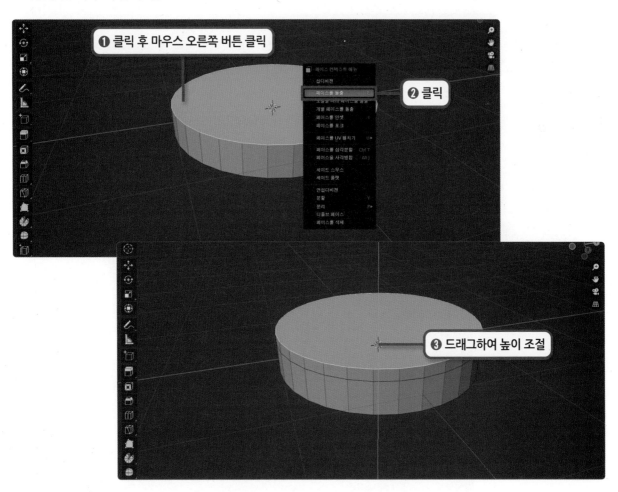

❽ 위쪽 페이스가 선택된 상태에서 ⑤ 키를 누르고 마우스를 드래그하여 페이스의 크기를 그림과 같이 조절합니다.

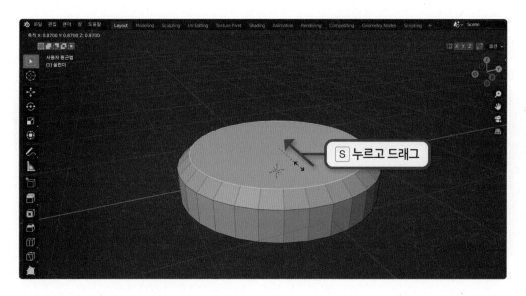

❾ 페이스를 돌출시키기 위해 위쪽 페이스를 다시 마우스 오른쪽 버튼으로 클릭한 후 페이스를 돌출]을 클릭합니다.

❿ 마우스를 위쪽으로 드래그하여 돌출된 페이스의 높이를 조절합니다.

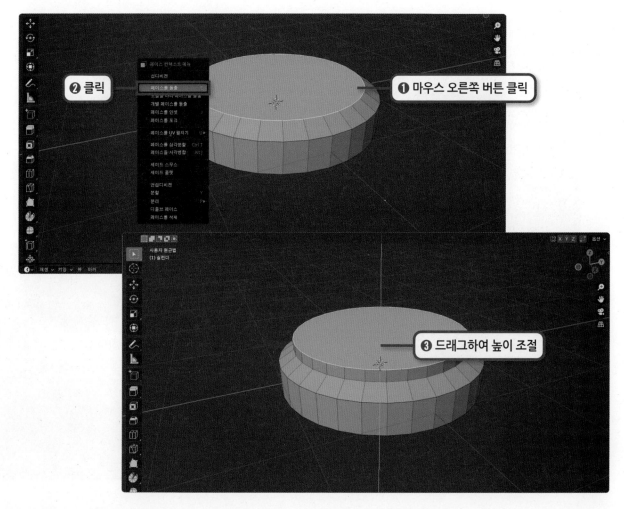

⑪ ❽~❿과 같은 방법으로 위쪽 페이스의 크기를 크게 조절한 후 [페이스를 돌출]을 이용하여 페이스를 돌출시킵니다.

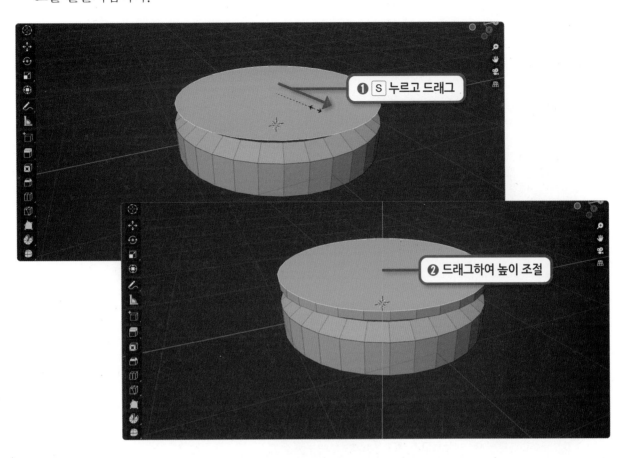

⑫ 위쪽 페이스가 선택된 상태에서 Ｅ 키를 누른 후 Enter 키를 누릅니다. 이어서 Ｓ 키를 누르고 마우스를 드래그하여 그림과 같이 페이스의 크기를 줄입니다.

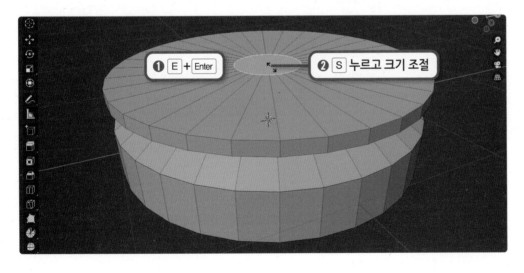

 Ｅ 키는 [페이스를 돌출]의 단축키이므로 돌출시키고 싶은 페이스를 선택한 후 Ｅ 키를 누르면 선택한 페이스를 돌출시킬 수 있습니다.

⑬ 같은 방법으로 E 키를 누르고 마우스를 드래그하여 그림과 같이 페이스를 돌출시킵니다.

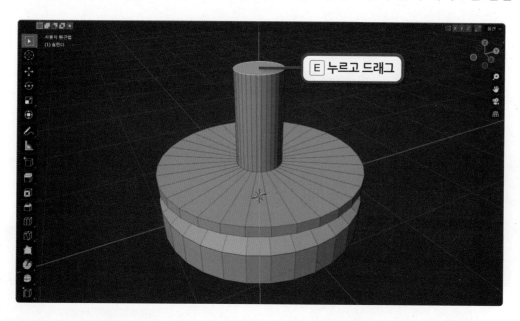

⑭ E 키를 누른 후 Enter 키를 누릅니다. 이어서 S 키를 누르고 마우스를 드래그하여 페이스의 크기를 조절한 후 앞서 배운 내용을 참고하여 그림과 같이 의자를 완성합니다.

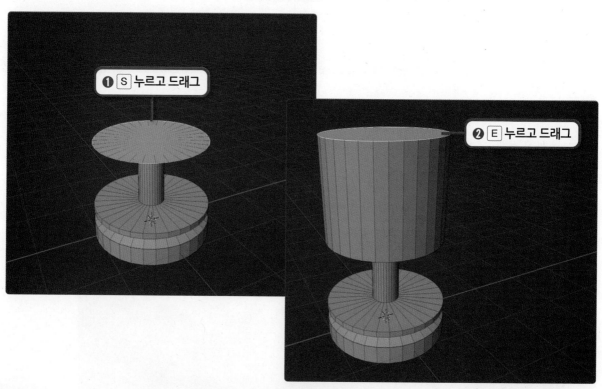

Tip 의자의 모양은 예시와 똑같이 만들 필요는 없습니다. 배운 내용을 바탕으로 앞서 작성한 스케치 내용을 참고하여 모델링합니다.

Tip **[페이스를 돌출] 기능 사용 예시**

- ⑫ 과정까지 작업한 상태에서 [페이스를 돌출] 기능을 사용하지 않고 G 키를 누르고 위쪽으로 드래그했을 때의 모습입니다.

- ⑫ 과정까지 작업한 상태에서 G 키를 누르고 E 키를 누른 후 드래그했을 때 모습입니다. 이동과 돌출 기능을 함께 사용하면 오브젝트의 모양을 자유롭게 변경할 수 있습니다.

⑮ [모드]를 [오브젝트 모드]로 변경한 후 마우스 휠을 클릭한 상태로 화면을 드래그하여 완성된 의자를 확인합니다.

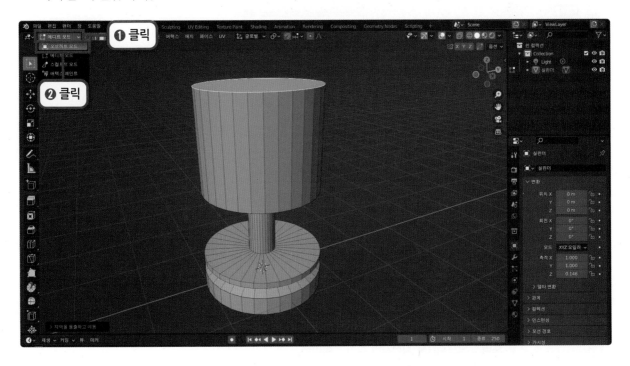

⑯ [파일]-[내보내기]-[Stl(.stl)]을 클릭한 후 [블렌더 파일 보기] 대화상자가 나타나면 저장 위치와 파일 이름('chair')을 지정한 후 [STL을 내보내기]를 클릭합니다.

04
Chapter

머그컵 만들기

학습내용 알아보기

- 토러스 오브젝트를 이용하여 컵의 손잡이를 만드는 방법을 알아봅니다.
- 오브젝트를 결합하는 방법을 알아봅니다.
- 오브젝트의 안쪽 면을 뚫어 컵 모양을 만드는 방법을 알아봅니다.

◆ **예제 파일** | 없음 ◆ **완성 파일** | cup.stl

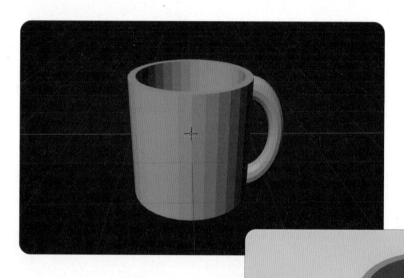

학습 목표

- 토러스 오브젝트를 회전시켜 컵의 손잡이를 만들 수 있습니다.
- 불리언 기능의 결합을 이용하여 두 오브젝트를 합칠 수 있습니다.
- 불리언 기능의 차이를 이용하여 오브젝트를 뚫을 수 있습니다.

01 ## 3D 모델링 작품 스케치하기

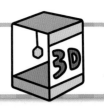

▶▶ 블렌더를 이용하여 모델링하기 전 3D 모델링에 사용할 오브젝트를 확인하고, 모델링할 작품을
스케치해 봅니다.

● 사용할 오브젝트 확인하기

▲ 실린더   ▲ 토러스

● 작품 스케치하기

이번 시간에는 오브젝트를 결합하고 뚫는 기능을 이용하여 우주선에서 사용할 나만의 머그컵을 모델링하려고
합니다. 실린더 오브젝트와 토러스 오브젝트를 이용하여 우주선에서 사용할 나만의 머그컵을 스케치해 봅니다.

 사용할 오브젝트를 확인하고 해당 오브젝트만 이용하여 모델링할 수 있도록 작품을 스케치합니다.

▶▶ 실린더 오브젝트와 토러스 오브젝트를 이용하여 머그컵 모양을 만들고, 오브젝트를 결합하고 뚫는 불리언 기능을 이용하여 스케치한 내용을 바탕으로 3D 모델링 작품을 완성해 봅니다.

01 머그컵 모양 만들기

❶ 블렌더 프로그램을 실행한 후 장면에 추가되어 있는 '큐브' 오브젝트를 선택하고 Delete 키를 눌러 오브젝트를 삭제합니다.

❷ Shift + A 키를 눌러 [추가] 팝업 창이 나타나면 [메쉬]-[실린더]를 클릭하여 '실린더' 오브젝트를 추가합니다.

❸ '실린더' 오브젝트를 선택하고 G 키와 Y 키를 순서대로 누른 후 마우스를 드래그하여 Y축(초록색)을 기준으로 오브젝트의 위치를 변경합니다. 이어서 Shift + A 키를 눌러 [추가] 팝업 창이 나타나면 [메쉬]-[토러스]를 클릭합니다.

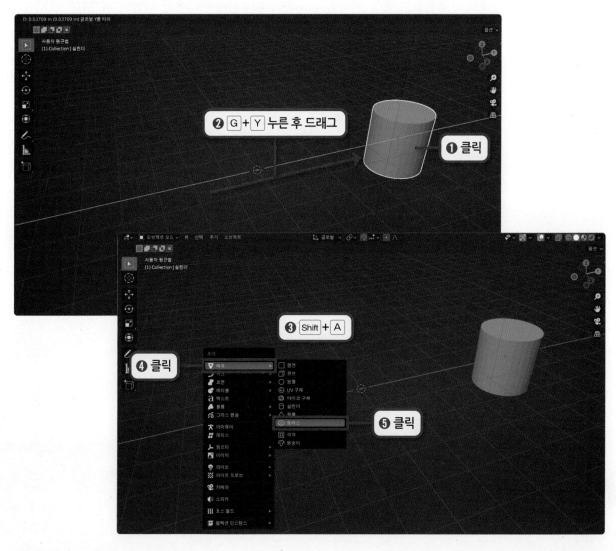

④ 오브젝트를 회전시키기 위해 '토러스' 오브젝트를 선택한 후 [프로퍼티] 창의 '회전' 항목에서
Y값을 '90'으로 지정하고 Enter 키를 눌러 Y축(초록색)을 기준으로 오브젝트를 회전시킵니다.

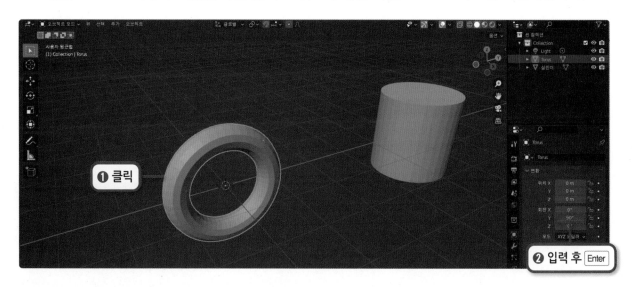

 Tip 오브젝트를 선택하고 R + Y 키를 누른 후 마우스를 움직여 오브젝트를 회전시킬 수도 있습니다.

⑤ 키보드 오른쪽 숫자 패드의 ③ 키를 눌러 화면을 '오른쪽 정사법'으로 전환합니다.

⑥ '실린더' 오브젝트를 선택하고 G 키와 Y 키를 순서대로 누른 후 마우스를 드래그하여 Y축(초록색)을 기준으로 오브젝트의 위치를 그림과 같이 변경합니다.

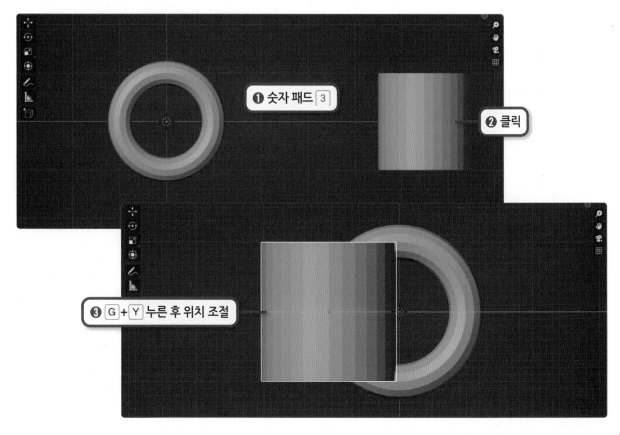

❼ '토러스' 오브젝트를 선택하고 ⑤ 키를 누른 후 마우스를 드래그하여 오브젝트의 크기를 변경합니다. 이어서 ⑤ 키와 ⓩ 키를 순서대로 누른 후 마우스를 드래그하여 오브젝트의 높이를 변경합니다.

❽ ⑥ 키와 ⓨ 키를 순서대로 누른 후 마우스를 드래그하여 Y축(초록색)을 기준으로 그림과 같이 오브젝트의 위치를 변경합니다.

❾ 마우스를 드래그하여 '실린더', '토러스' 오브젝트를 모두 선택합니다.

❿ ⑥ 키와 ⓨ 키를 순서대로 누른 후 마우스를 드래그하여 Y축(초록색)을 기준으로 오브젝트의 위치를 중간 지점으로 변경합니다.

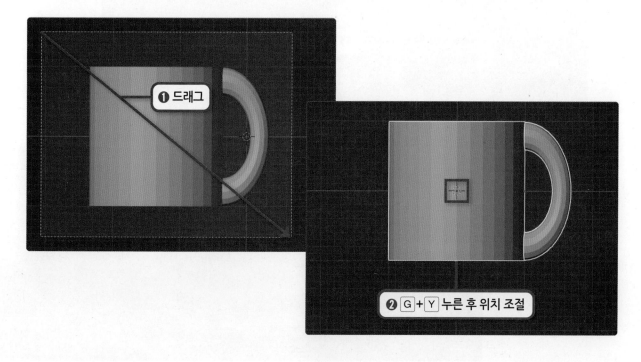

02 오브젝트 결합하고 머그컵 안쪽 뚫기

❶ '실린더' 오브젝트를 선택하여 Shift+D 키를 눌러 오브젝트를 복제하고 S 키를 누른 후 복제된
오브젝트의 크기를 머그컵 안쪽을 뚫을 정도의 크기로 변경합니다.

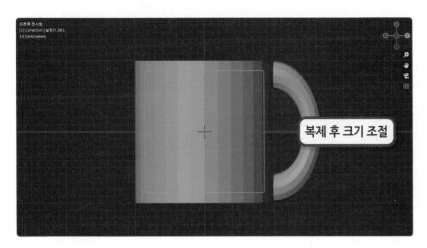

❷ S 키와 Z 키를 순서대로 누른 후 마우스를 드래그하여 복제된 오브젝트의 높이를 변경합니다.

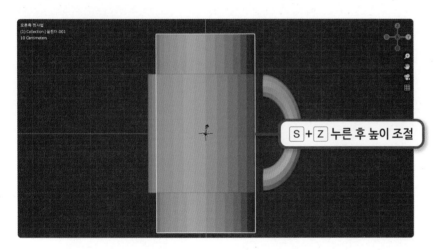

❸ G 키와 Z 키를 순서대로 누른 후 마우스를 드래그하여 Z축(파란색)을 기준으로 오브젝트의
위치를 그림과 같이 변경합니다.

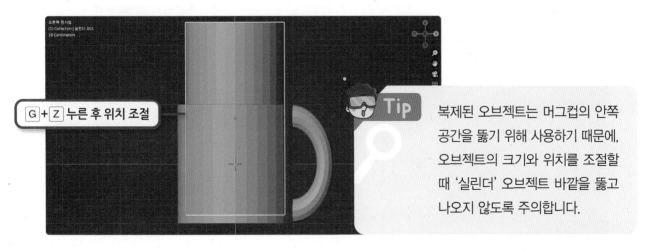

복제된 오브젝트는 머그컵의 안쪽
공간을 뚫기 위해 사용하기 때문에,
오브젝트의 크기와 위치를 조절할
때 '실린더' 오브젝트 바깥을 뚫고
나오지 않도록 주의합니다.

④ 오브젝트를 결합하기 위해 '실린더' 오브젝트를 선택한 후 [프로퍼티] 창에서 [모디파이어 프로퍼티스(🔧)]-[모디파이어를 추가]-[불리언]을 클릭합니다.

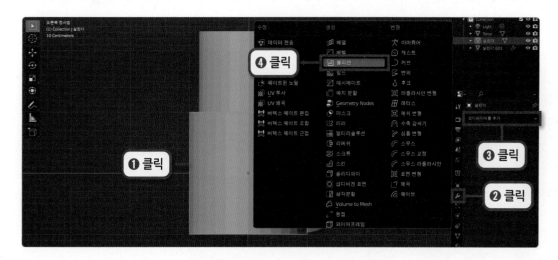

⑤ [프로퍼티] 창에서 [결합]을 클릭한 후 [오브젝트]의 '스포이트(💉)'를 클릭하고 '토러스' 오브젝트를 클릭합니다.

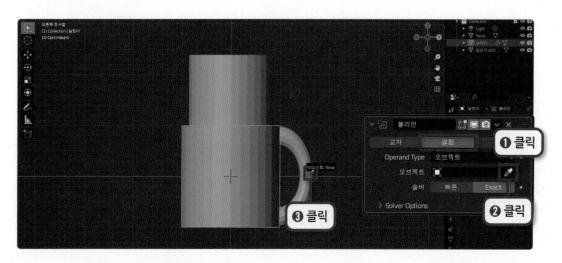

⑥ [불리언]의 목록 단추(∨)를 클릭하고 [적용]을 클릭합니다.

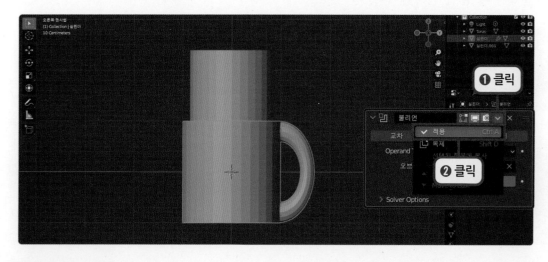

❼ 결합된 오브젝트를 선택하고 [모디파이어 프로퍼티스(🔧)]–[모디파이어를 추가]–[불리언]을
　클릭합니다.

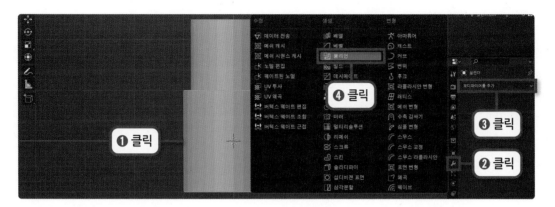

❽ [프로퍼티] 창에서 [차이]를 클릭하고 [오브젝트]의 '스포이트(📍)'를 클릭한 후 복제한 '실린더'
　오브젝트를 클릭합니다.

❾ [불리언]의 목록 단추(▾)를 클릭하고 [적용]을 클릭합니다. 이어서 복제한 '실린더' 오브젝트와
　'토러스' 오브젝트를 삭제합니다.

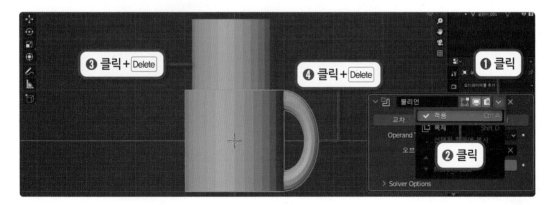

❿ 마우스 휠을 클릭한 상태로 화면을 드래그하여 완성된 머그컵을 확인합니다.
⓫ [파일]–[내보내기]–[Stl(.stl)]을 클릭한 후 [블렌더 파일 보기] 대화상자가 나타나면 저장 위치와
　파일 이름('cup')을 지정한 후 [STL을 내보내기]를 클릭하여 저장합니다.

05
Chapter

노트북 키보드 만들기

학습내용 알아보기

• 오브젝트의 페이스를 잘라내는 방법을 알아봅니다.

• 페이스의 크기와 높이를 조절하여 키보드를 만드는 방법을 알아봅니다.

• 페이스의 크기와 높이를 조절하여 터치패드를 만드는 방법을 알아봅니다.

◆ **예제 파일** | keyboard.blend　◆ **완성 파일** | keyboard.stl

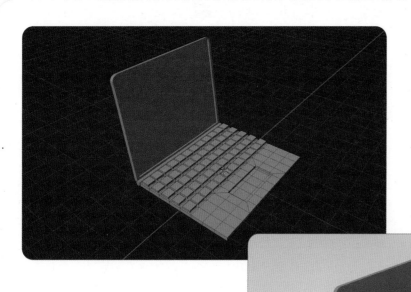

학습 목표

• 루프 잘라내기를 이용하여 오브젝트의 페이스를 나눌 수 있습니다.

• 나뉜 페이스의 크기를 개별적으로 조절할 수 있습니다.

• 페이스를 돌출 기능을 이용하여 페이스를 키보드 모양으로 만들 수 있습니다.

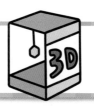

01 3D 모델링 작품 스케치하기

▶▶ 블렌더를 이용하여 모델링하기 전 3D 모델링에 사용할 오브젝트를 확인하고, 모델링할 작품을 스케치해 봅니다.

● 사용할 오브젝트 확인하기

▲ keyboard.blend

● 작품 스케치하기

이번 시간에는 오브젝트의 페이스(면)를 잘라내고 돌출시키는 기능을 이용하여 우주선에서 사용하는 노트북의 키보드를 모델링하려고 합니다. 예제 파일을 확인하고 노트북의 키보드를 스케치해 봅니다.

Tip 예제 파일과 사용할 오브젝트를 확인하고 해당 오브젝트만 이용하여 모델링할 수 있도록 작품을 스케치합니다.

▶▶ 페이스를 여러 개로 나눌 수 있는 루프 잘라내기 기능과 페이스의 모양을 변경할 수 있는 페이스를 돌출 기능을 이용하여 스케치한 내용을 바탕으로 3D 모델링 작품을 완성해 봅니다.

 01 노트북 키보드 만들기

❶ 블렌더 프로그램을 실행한 후 [파일]–[열기]를 클릭하여 [블렌더 파일 보기] 대화상자가 나타나면 'keyboard.blend' 파일을 선택한 후 [열기]를 클릭합니다.

❷ 예제 파일이 불러와지면 오브젝트를 편집하기 위해 [모드]를 [에디트 모드]로 변경합니다.

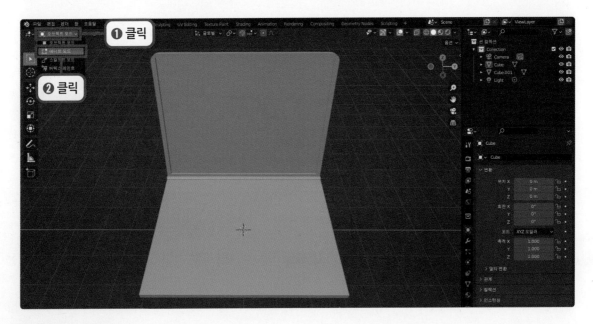

❸ 3D 뷰포트 창 상단의 [edge(◻)]를 선택한 후 빈 공간을 클릭하여 선택되어 있는 페이스를 선택 해제합니다.

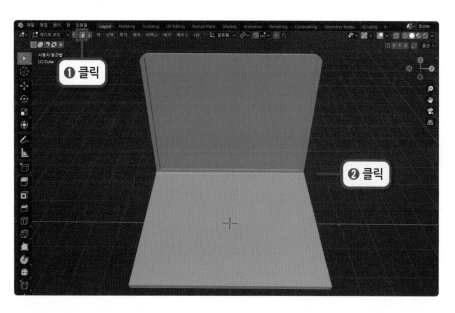

❹ 루프 잘라내기 단축키인 Ctrl + R 키를 누른 후 노란색 선이 그림과 같이 세로로 위치하도록 오브젝트에 마우스 포인터를 가져다 댑니다.

❺ 노란색 선이 나타나면 마우스 휠을 천천히 위로 밀어 11개의 선을 만들고 마우스를 두 번 클릭 하여 루프 잘라내기를 마무리합니다.

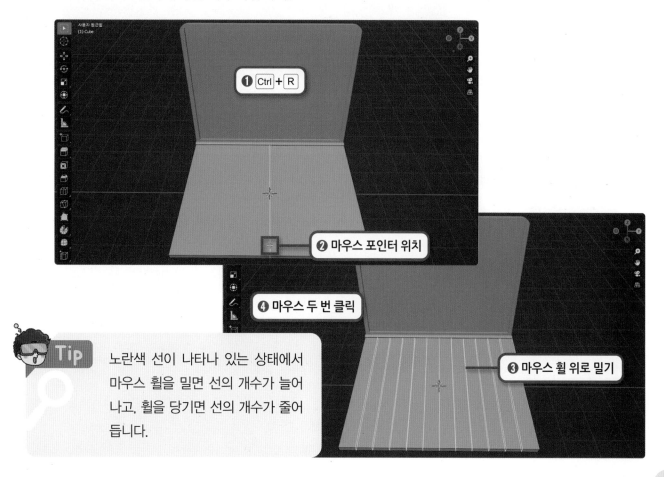

Tip 노란색 선이 나타나 있는 상태에서 마우스 휠을 밀면 선의 개수가 늘어 나고, 휠을 당기면 선의 개수가 줄어 듭니다.

❻ 다시 [Ctrl]+[R] 키를 누른 후 노란색 선이 가로로 나타나도록 오브젝트에 마우스 포인터를 가져다 댑니다.

❼ 노란색 선이 나타나면 앞서 배운 내용을 참고하여 7개의 선을 만들고 루프 잘라내기를 마무리 합니다.

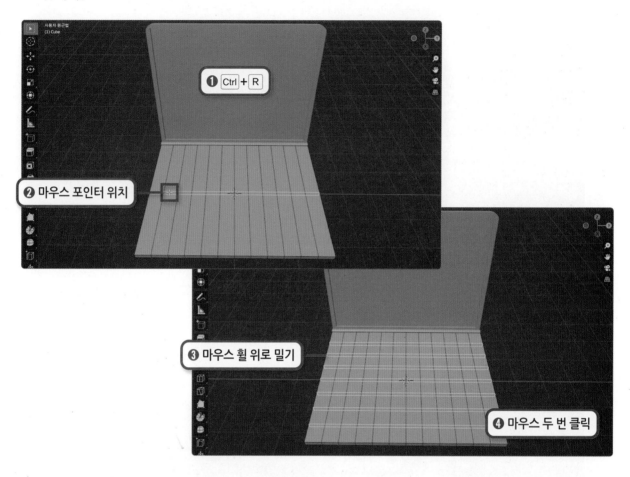

❽ 키보드 오른쪽 숫자 패드의 [7] 키를 눌러 화면을 '위쪽 정사법'으로 전환합니다.

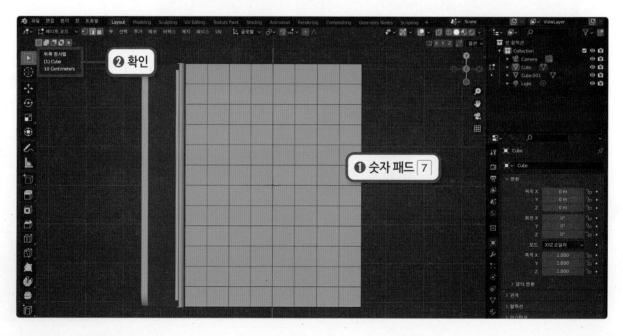

❾ 3D 뷰포트 창 상단의 [페이스(□)]를 클릭한 후 마우스를 드래그하여 5×12칸을 선택합니다.

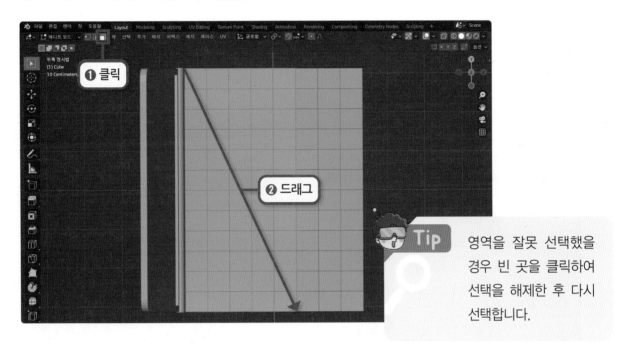

Tip 영역을 잘못 선택했을 경우 빈 곳을 클릭하여 선택을 해제한 후 다시 선택합니다.

❿ Ⅰ 키를 눌러 개별 (I)가 (ON)이 되도록 한 후 마우스를 드래그하여 위쪽 페이스의 크기를 그림과 같이 작게 변경하고 마우스를 클릭하여 크기 변경을 마무리합니다.

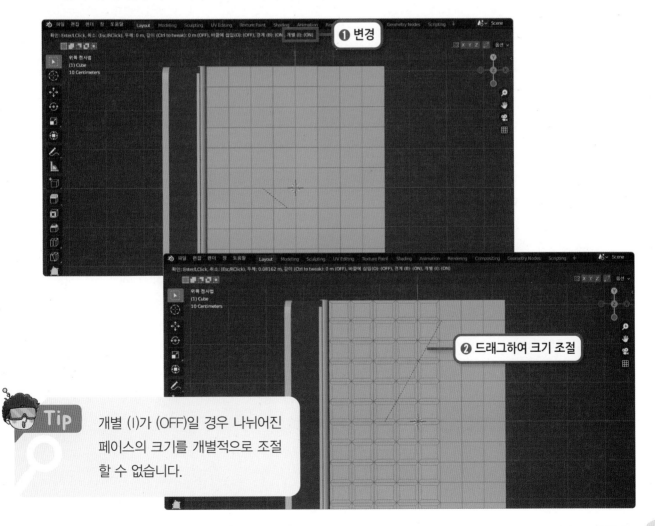

Tip 개별 (I)가 (OFF)일 경우 나뉘어진 페이스의 크기를 개별적으로 조절 할 수 없습니다.

⑪ 마우스 휠을 클릭한 상태로 화면을 드래그하여 그림과 같이 시점을 변경한 후 페이스 돌출시키기
단축키인 E 키를 누르고 페이스가 키보드 아래쪽으로 들어가도록 높이를 변경합니다.

⑫ 다시 I 키를 눌러 개별 (I)를 (ON)으로 변경한 후 마우스를 드래그하여 페이스의 크기를 조절
하고 E 키를 누르고 마우스를 드래그하여 페이스의 높이를 조절합니다.

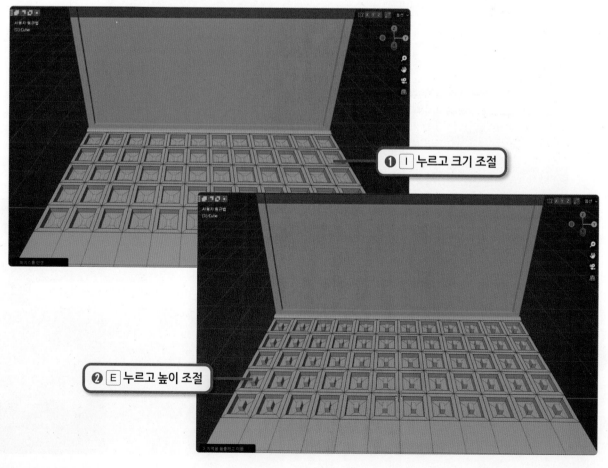

⑬ 다시 Ⅰ 키를 눌러 개별 (I)를 (ON)으로 변경한 후 마우스를 드래그하여 페이스의 크기를 조절하고 E 키를 누르고 마우스를 드래그하여 페이스의 높이를 조절합니다.

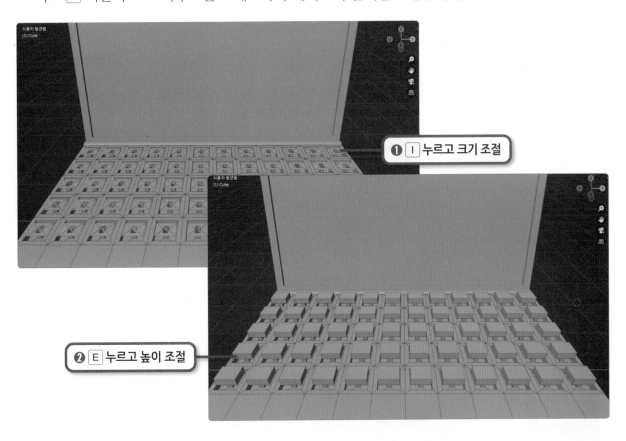

❶ Ⅰ 누르고 크기 조절

❷ E 누르고 높이 조절

⑭ 페이스를 선택한 후 Ⅰ 키를 눌러 개별(I)를 (OFF)로 변경한 후 ⑬과 같은 방법으로 터치패드를 완성해 봅니다.

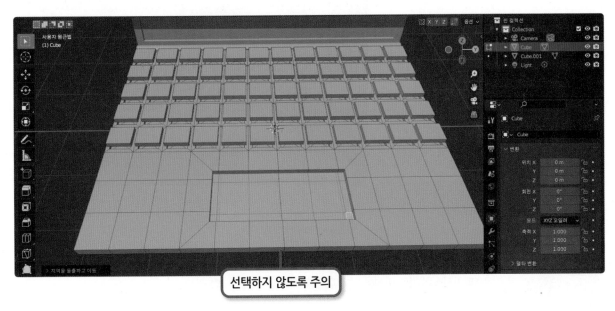

선택하지 않도록 주의

⑮ 마우스 휠을 클릭한 상태로 화면을 드래그하여 완성된 노트북을 확인합니다.

⑯ [파일]-[내보내기]-[Stl(.stl)]을 클릭한 후 [블렌더 파일 보기] 대화상자가 나타나면 저장 위치와 파일 이름('keyboard')을 지정한 후 [STL을 내보내기]를 클릭합니다.

06
Chapter

우주선 안 내 방 꾸미기

학습내용 알아보기

- 코스페이시스에 접속하고 장면을 제어하는 방법을 알아봅니다.
- 블렌더로 완성한 3D 작품을 불러오는 방법을 알아봅니다.
- 불러온 3D 작품을 적절하게 배치하는 방법을 알아봅니다.
- 오브젝트를 추가하여 장면을 꾸미는 방법을 알아봅니다.

◆ **예제 파일** | https://edu.cospaces.io/JWC-SGJ   ◆ **완성 파일** | https://edu.cospaces.io/AWM-FKJ

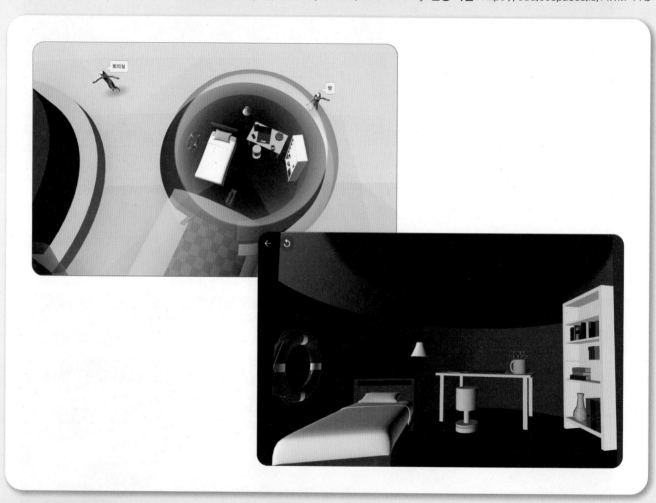

학습 목표

- 코스페이시스의 화면 구성을 알고 장면을 제어할 수 있습니다.
- 3D모델의 업로드를 이용하여 블렌더로 완성한 3D 오브젝트를 불러올 수 있습니다.
- 오브젝트의 도구 메뉴로 크기, 방향, 위치를 변경할 수 있습니다.
- 라이브러리에서 다양한 오브젝트를 추가할 수 있습니다.
- 완성한 작품을 가상현실(VR)로 감상할 수 있습니다.

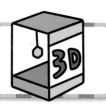

01 가상현실(VR) 작품 스케치하기

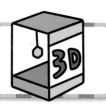

▶▶ 코스페이시스를 이용하여 작품을 만들기 전 완성한 3D 모델링 오브젝트를 어디에 배치하고 꾸밀지 생각하여 작품을 스케치해 봅니다.

● 사용할 오브젝트 확인하기

▲ table

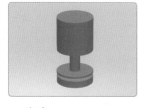
▲ chair

▲ cup

▲ keyboard

● 작품 스케치하기

이번 시간에는 코스페이시스에 만들어진 우주선 속 내 방에 블렌더에서 제작한 3D 오브젝트를 불러와 배치하려고 합니다. 코스페이시스 예제 파일을 확인하고 제작한 3D 오브젝트를 어떻게 배치하면 좋을지 스케치해 봅니다.

예제 파일과 사용할 오브젝트를 확인하고 오브젝트를 어느 곳에 어떻게 배치하면 좋을지 생각하여 스케치합니다.

▶▶ 코스페이시스를 실행하여 코스페이시스의 화면 구성과 장면 제어 방법을 알아보고 완성한 3D 모델링 오브젝트를 불러와 적절한 곳에 배치하여 우주선 안 내 방을 꾸며 봅니다.

01 코스페이시스 화면 구성 알아보기

❶ 크롬(◉)을 실행하고 코스페이시스 에듀(https://cospaces.io/edu/) 사이트에 접속하여 로그인 한 후 주소창에 예제 파일 주소를 입력하여 [리믹스]하거나 [내 학급]−[06강 예제]에 접속합니다.

❷ 장면이 실행되면 코스페이시스의 화면 구성을 확인합니다.

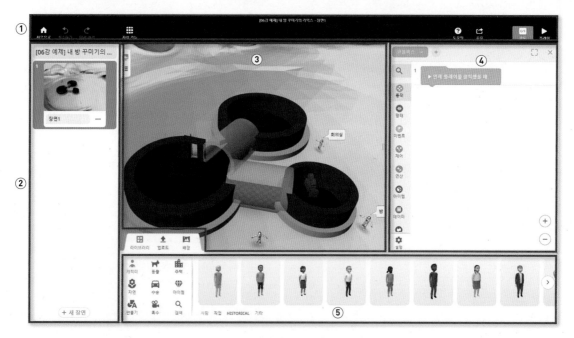

① **메뉴** : [처음으로], [취소하기], [다시하기], [자석 기능], [공유], [코드], [플레이] 등 코스페이시스 편집에 필요한 메뉴가 모여 있습니다.

② **장면 목록** : 장면 목록을 확인하거나 장면 이름, 장면 속성 등을 편집할 수 있습니다.

③ **장면** : 오브젝트를 추가하여 장면을 꾸미고 가상현실 공간을 편집할 수 있습니다.

④ **코블록스** : 명령 블록을 이용하여 오브젝트를 움직이게 만들거나 반응하게 만들도록 프로그래밍할 수 있습니다.

⑤ **라이브러리** : 코스페이시스에서 제공하는 오브젝트 및 외부 파일을 업로드하여 장면에 추가할 수 있습니다.

Tip 사이트 가입 방법 및 사용 방법은 홈페이지 자료실에서 제공하는 [프로그램 사용 방법] 파일에서 확인할 수 있습니다.

코스페이시스 장면 제어하기

❶ 장면을 회전하고 이동하는 방법에 대해 알아봅니다.

❶ 키보드 상하좌우 방향키 : 키보드의 상하좌우 방향키로 장면을 회전할 수 있습니다.

❷ 마우스 드래그 : 드래그한 방향으로 장면을 회전할 수 있습니다.

❸ Space Bar + 드래그 : 장면은 회전하지 않은 상태에서 장면을 상하좌우로 이동할 수 있습니다.

❷ 장면을 확대하거나 축소하는 방법에 대해 알아봅니다.

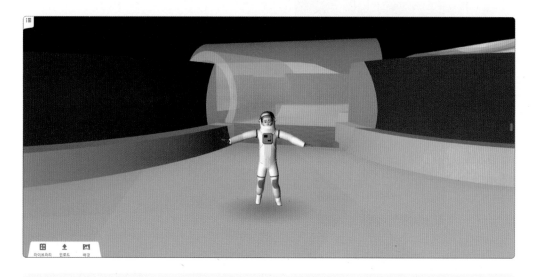

❶ 마우스 휠 밀고 당기기 : 마우스 휠을 밀면 장면이 확대되고, 당기면 장면이 축소됩니다.

❷ 오브젝트 선택 후 V 키 누르기 : 오브젝트를 중심으로 장면이 확대됩니다.

❸ 오브젝트 선택 후 C 키 누르기 : 오브젝트를 중심으로 장면이 축소됩니다.

❸ 앞서 배운 내용을 바탕으로 예제 파일의 장면을 회전시키거나 이동시켜 보고, 확대하거나 축소해 봅니다.

오브젝트 속성 알아보기

❶ 오브젝트를 클릭하면 나타나는 오브젝트 [도구] 창에 대해 알아봅니다.

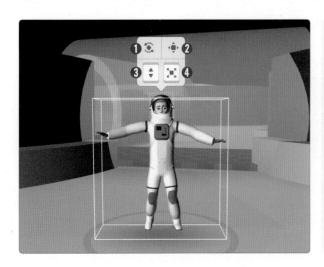

❶ 회전 모드 : X(빨간색), Y(초록색), Z(파란색)축을 기준으로 오브젝트를 회전시킵니다.

❷ 이동 모드 : X(빨간색), Y(초록색), Z(파란색)축을 기준으로 오브젝트를 이동시킵니다.

❸ 드래그해서 올리기 : 클릭한 상태로 위쪽으로 드래그하면 오브젝트가 위로 이동하고, 아래쪽으로 드래그하면 오브젝트가 아래로 이동합니다.

❹ 드래그해서 크기 바꾸기 : 클릭한 상태로 위쪽으로 드래그하면 오브젝트의 크기가 커지고, 아래쪽으로 드래그하면 오브젝트의 크기가 작아집니다.

❷ 오브젝트를 마우스 오른쪽 버튼으로 클릭하거나 더블클릭하면 나타나는 [속성] 창에 대해 알아봅니다.

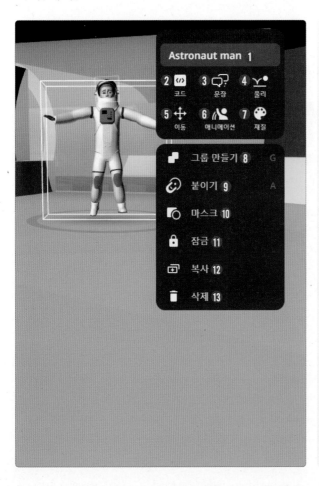

❶ 이름 : 오브젝트의 이름을 확인하거나 오브젝트의 이름을 변경할 수 있습니다.

❷ 코드 : [코블록스]에서 사용할 수 있도록 코드를 활성화합니다.

❸ 문장 : 오브젝트가 생각하거나 말하는 모습을 말풍선으로 표시합니다.

❹ 물리 : 오브젝트에 물리 기능을 추가합니다.

❺ 이동 : 오브젝트의 위치 및 각도, 크기를 확인하거나 변경합니다.

❻ 애니메이션 : 오브젝트에 애니메이션을 적용할 수 있습니다(오브젝트마다 적용할 수 있는 애니메이션의 종류가 다릅니다.)

❼ 재질 : 오브젝트의 재질 및 색상을 변경합니다.

❽ 그룹 만들기 : 여러 오브젝트를 하나의 오브젝트로 그룹화합니다.

❾ 붙이기 : 오브젝트를 다른 오브젝트에 붙입니다.

❿ 마스크 : 오브젝트를 화면에서 숨깁니다.

⓫ 잠금 : 오브젝트가 선택되지 않도록 잠급니다.

⓬ 복사 : 오브젝트를 복사합니다.

⓭ 삭제 : 오브젝트를 삭제합니다.

❸ 앞서 배운 내용을 바탕으로 오브젝트의 크기, 위치, 방향 및 속성을 자유롭게 변경해 봅니다.

3D 모델링 오브젝트 추가하기

❶ [업로드]-[3D모델]-[업로드]를 클릭하여 [열기] 대화상자가 나타나면 'chair.stl', 'cup.stl', 'keyboard.stl', 'table.stl' 파일을 선택한 후 [열기]를 클릭합니다.

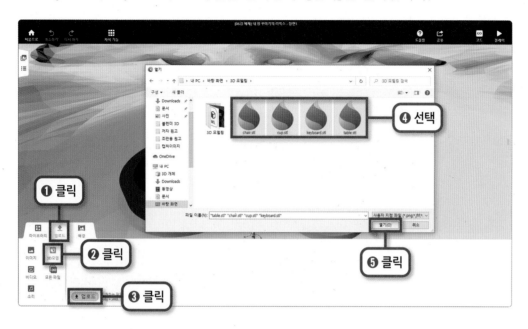

❷ [커스텀 모델 업로드] 대화상자가 나타난 후 '업로드 완료' 메시지가 나타나면 [알겠습니다]를 클릭합니다.

❸ 3D모델 목록에 추가된 파일들을 확인한 후 장면을 회전, 이동하여 방으로 이동하고 마우스 휠을 밀어 장면을 확대합니다.

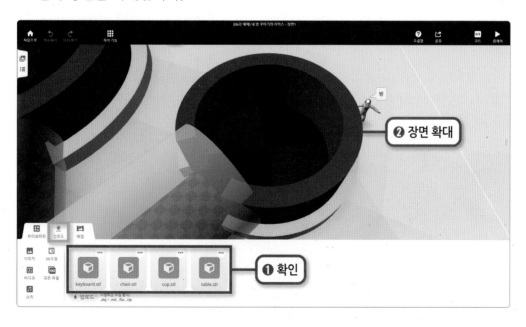

Tip [업로드]를 다시 클릭하면 [업로드] 창을 숨길 수 있습니다.

❹ 'table.stl' 파일을 장면으로 드래그한 후 [드래그해서 크기 바꾸기(⬚)], [드래그해서 올리기(⬍)], [회전 모드(◉)], [이동 모드(✛)] 도구를 이용하여 방 안 원하는 곳에 오브젝트를 배치합니다.

❺ 오브젝트를 마우스 오른쪽 버튼으로 클릭하여 [속성] 창이 나타나면 [재질]을 클릭한 후 원하는 색상을 선택합니다.

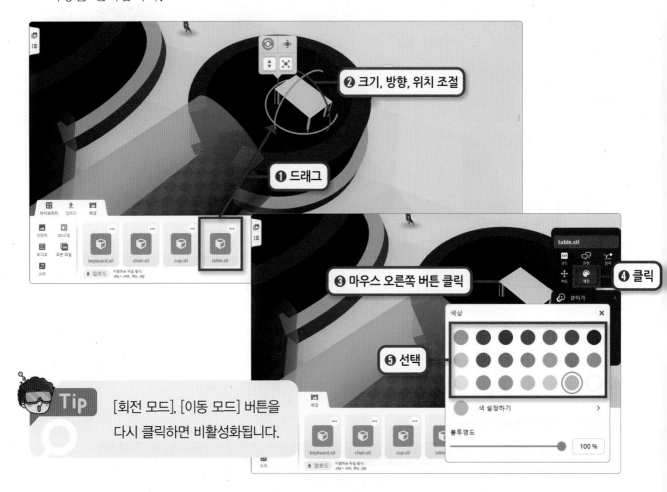

[회전 모드], [이동 모드] 버튼을 다시 클릭하면 비활성화됩니다.

❻ 같은 방법으로 블렌더로 제작한 3D 모델링 오브젝트를 장면에 추가한 후 크기, 방향, 위치 및 속성을 변경해 봅니다.

블렌더로 배우는 3D 모델링

05

라이브러리에서 오브젝트 추가하기

❶ [라이브러리]-[주택]에서 'Filled book shelf' 오브젝트를 드래그하여 장면에 추가한 후 크기, 방향, 위치를 조절하여 방에 배치합니다.

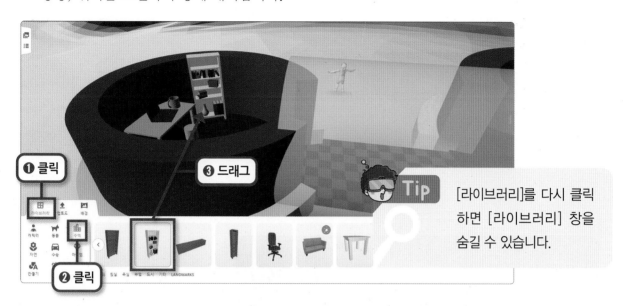

Tip
[라이브러리]를 다시 클릭하면 [라이브러리] 창을 숨길 수 있습니다.

❷ 같은 방법으로 다양한 오브젝트를 장면에 추가하여 우주선 안 내 방을 꾸며 봅니다.

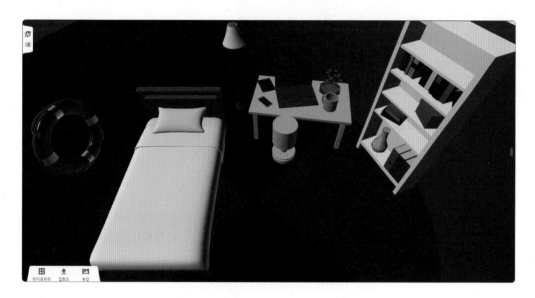

❸ 우주선 안 내 방이 완성되면 상단 메뉴의 [플레이]를 클릭하여 내가 디자인한 방을 감상해 봅니다.

Tip
• 상단 메뉴의 [처음으로]를 클릭하면 작업한 작품은 [내 코스페이스] 목록에 자동 저장되므로 완성 파일을 따로 저장하지 않아도 됩니다.
• 장면에서 [플레이]를 클릭하여 작품을 감상할 경우 마우스를 드래그하여 방향을 조절하고 Ⓐ, Ⓓ, Ⓦ, Ⓢ 키를 이용하여 시점을 이동합니다.

07

다양한 색상의 책장 만들기

학습내용 알아보기

- 여러 칸의 책장을 만드는 방법을 알아봅니다.
- 책장의 깊이를 조절하는 방법을 알아봅니다.
- 다양한 색상으로 책장을 채색하는 방법을 알아봅니다.

◆ **예제 파일** | bookshelf.blend　◆ **완성 파일** | bookshelf.obj

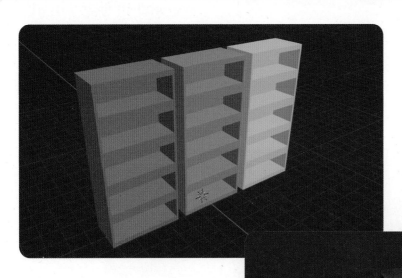

학습 목표

- 루프 잘라내기를 이용하여 오브젝트의 페이스를 나눌 수 있습니다.
- 페이스 돌출을 이용하여 나누어진 페이스의 깊이를 조절할 수 있습니다.
- 매트리얼 프로퍼티스를 이용하여 오브젝트를 채색할 수 있습니다.
- 완성한 파일을 압축할 수 있습니다.

01 ## 3D 모델링 작품 스케치하기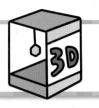

▶▶ 블렌더를 이용하여 모델링하기 전 3D 모델링에 사용할 오브젝트를 확인하고, 모델링할 작품을 스케치해 봅니다.

● **사용할 오브젝트 확인하기**

▲ bookshelf.blend

● **작품 스케치하기**

이번 시간에는 오브젝트의 페이스(면)를 잘라낸 후 깊이를 조절하고 오브젝트에 색채를 입혀 우주선 회의실에서 사용할 공동 책장을 모델링하려고 합니다. 예제 파일을 확인하여 만들고 싶은 책장을 스케치해 봅니다.

 Tip 예제 파일과 사용할 오브젝트를 확인하고 해당 오브젝트만 이용하여 모델링할 수 있도록 작품을 스케치합니다.

02 3D 모델링 작품 만들기

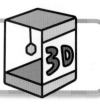

▶▶ 페이스를 나눌 수 있는 루프 잘라내기 기능과 색상을 다양하게 변경할 수 있는 매트리얼 프로퍼티스 기능을 이용하여 스케치한 내용을 바탕으로 3D 모델링 작품을 완성해 봅니다.

01 책장 만들기

❶ 블렌더 프로그램을 실행한 후 [파일]-[열기]를 클릭하여 [블렌더 파일 보기] 대화상자가 나타나면 'bookshelf.blend' 파일을 선택하고 [열기]를 클릭합니다.

❷ 예제 파일이 불러와지면 오브젝트를 편집하기 위해 [모드]를 [에디트 모드]로 변경합니다.

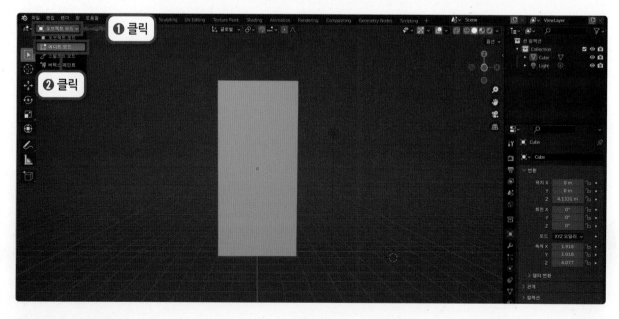

❸ 3D 뷰포트 창 상단의 [edge(📦)]를 선택한 후 빈 공간을 클릭하여 선택되어 있는 오브젝트를 선택 해제합니다.

❹ 루프 잘라내기 단축키인 Ctrl + R 키를 누른 후 노란색 선이 그림과 같이 가로로 위치하도록 오브젝트에 마우스 포인터를 가져다 댑니다.

❺ 노란색 선이 나타나 있는 마우스 휠을 천천히 위로 밀어 4개의 선을 만들고 마우스를 두 번 클릭하여 루프 잘라내기를 마무리합니다.

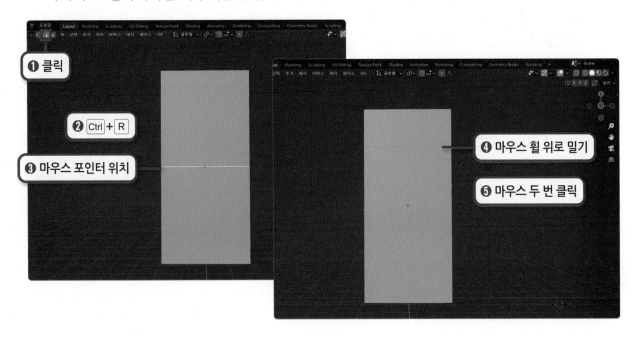

❻ 3D 뷰포트 창 상단의 [페이스(📦)]를 선택한 후 마우스를 드래그하여 나눠진 페이스를 전부 선택합니다.

❼ I 키를 눌러 개별 (I)를 (ON)으로 변경한 후 마우스를 드래그하여 페이스의 크기를 작게 조절합니다.

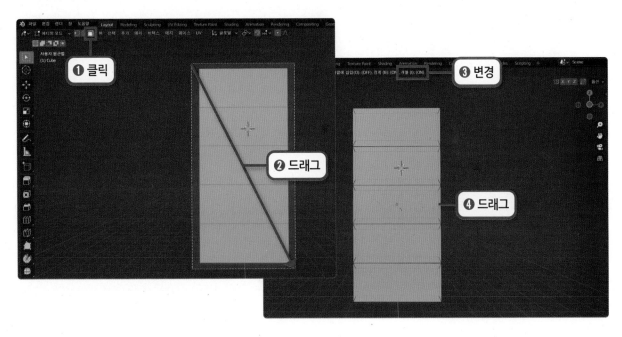

❽ 페이스의 깊이를 조절하기 위해 E 키를 누르고 드래그하여 페이스가 안쪽으로 들어가도록 깊이를 조절합니다.

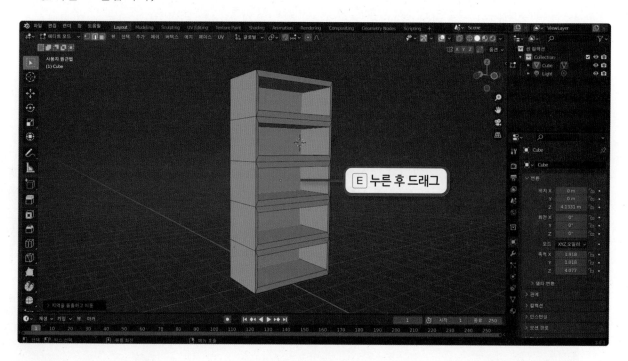

Tip 페이스를 돌출 단축키인 E 키를 누르면 새로운 면이 추가되어 면의 크기를 조절하거나 높이를 조절하는 등 편집할 수 있습니다.

❾ 책장을 채색하기 위해 [모드]를 [오브젝트 모드]로 변경합니다.

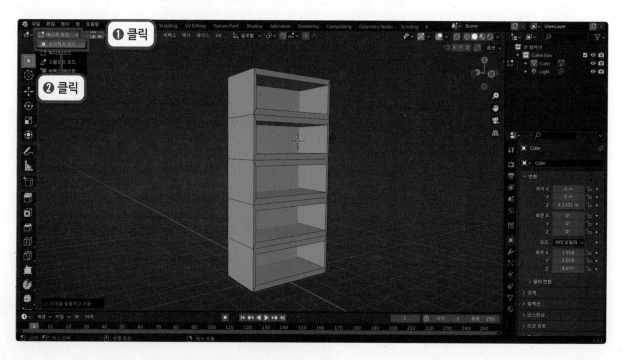

02 책장 채색하기

❶ 책장을 선택하고 Shift + D 키를 눌러 오브젝트를 복제한 후 Enter 키를 누릅니다.

❷ 복제된 책장을 선택한 후 G 키와 X 키를 순서대로 누르고 드래그하여 X축(빨간색)을 기준으로
그림과 같이 위치를 변경합니다.

❸ 맨 왼쪽 책장을 선택하고 [프로퍼티] 창에서 [매트리얼 프로퍼티스(◐)]를 클릭한 후 [매테리얼
슬롯을 제거(━)]를 클릭하여 적용된 Material을 삭제합니다.

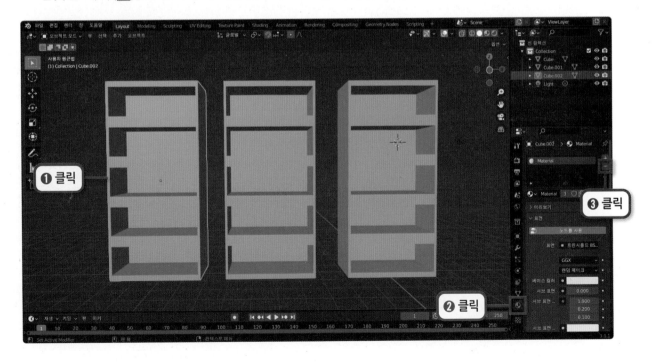

❹ 책장을 채색하기 위해 [매트리얼 프로퍼티스] 창 하단의 [새로운]을 클릭합니다.

❺ 매테리얼 이름을 'color1'로 변경한 후 [베이스 컬러]를 클릭하여 색상표가 나타나면 원하는 색상을
선택합니다.

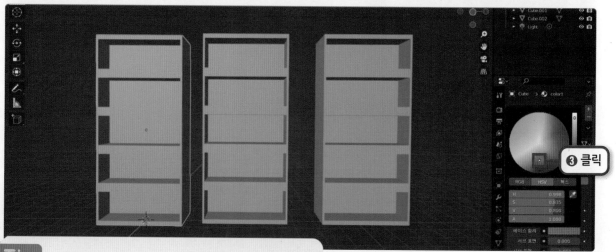

Tip 매테리얼 이름은 반드시 영문으로 입력합니다.

❻ 선택한 색상이 적용된 모습을 확인하기 위해 3D 뷰포트 창 상단의 [매테리얼 미리보기(◓)]를 클릭합니다.

뷰포트 세이딩

블렌더에서 제공하는 화면 보기 방식으로, 오브젝트를 선으로 묘사, 텍스처(채색) 표현, 렌더링, 일반 모드 등이 있습니다.

❼ ❸~❺와 같은 방법으로 나머지 책장도 이름을 'color2', 'color3'으로 각각 지정하여 원하는 색으로 채색합니다.

❽ [파일]-[내보내기]-[Wavefront(.obj)]를 클릭하여 [블렌더 파일 보기] 대화상자가 나타나면 저장 위치와 파일 이름('bookshelf')을 지정한 후 [OBJ를 내보내기]를 클릭합니다. 이어서 생성된 obj 파일과 mtl 파일을 압축합니다.

 채색을 한 오브젝트는 obj 파일로 저장해야 채색 내용도 함께 저장됩니다. obj 파일로 저장하면 mtl 파일도 함께 생성되는데, 두 파일을 압축하여 코스페이시스로 불러올 수 있습니다.

08
Chapter

하드커버 책 만들기

학습내용 알아보기

- 책등을 부드럽게 만드는 방법을 알아봅니다.
- 책의 겉지와 속지를 만드는 방법을 알아봅니다.
- 책 제목을 입력하는 방법을 알아봅니다.
- 책 제목과 겉지를 채색하는 방법을 알아봅니다.

♥ **예제 파일** | book.blend   ♦ **완성 파일** | book.obj

학습 목표

- 베벨을 이용하여 오브젝트의 각진 면을 부드럽게 만들 수 있습니다.
- 텍스트 오브젝트를 이용하여 책의 제목을 입력할 수 있습니다.
- 불리언을 이용하여 오브젝트를 뚫어 책의 겉지와 속지를 만들 수 있습니다.
- 매트리얼 프로퍼티스를 이용하여 오브젝트를 채색할 수 있습니다.

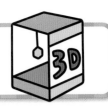

01 3D 모델링 작품 스케치하기

▶▶ 블렌더를 이용하여 모델링하기 전 3D 모델링에 사용할 오브젝트를 확인하고, 모델링할 작품을 스케치해 봅니다.

● 사용할 오브젝트 확인하기

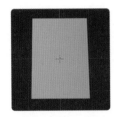

▲ book.blend

▲ 텍스트

● 작품 스케치하기

이번 시간에는 오브젝트의 각진 면을 부드럽게 만든 후 오브젝트를 뚫어 책의 겉지와 속지를 만들고 텍스트를 입력하여 우주 탐사 매뉴얼이 적힌 책을 모델링하려고 합니다. 예제 파일을 확인하여 만들고 싶은 책을 스케치해 봅니다.

Tip 예제 파일과 사용할 오브젝트를 확인하고 해당 오브젝트만 이용하여 모델링할 수 있도록 작품을 스케치합니다.

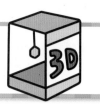

▶▶ 오브젝트의 각진 면을 부드럽게 만들어주는 베벨 기능과 오브젝트를 뚫어주는 불리언 기능, 텍스트를 입력할 수 있는 텍스트 기능을 이용하여 스케치한 내용을 바탕으로 3D 모델링 작품을 완성해 봅니다.

01 **책등 부드럽게 만들기**

❶ 블렌더 프로그램을 실행한 후 [파일]-[열기]를 클릭하여 [블렌더 파일 보기] 대화상자가 나타나면 'book.blend' 파일을 선택하고 [열기]를 클릭합니다.

❷ 예제 파일이 불러와지면 오브젝트를 편집하기 위해 [모드]를 [에디트 모드]로 변경합니다.

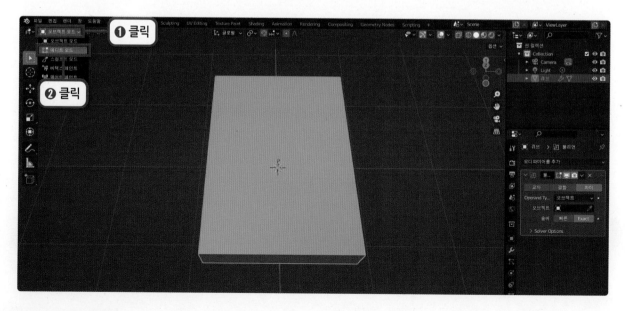

❸ 화면을 회전시킨 후 3D 뷰포트 창 상단의 [edge(⬛)]를 선택하고 Shift 키를 누른 상태로 오브젝트 옆면의 위쪽 선과 아래쪽 선을 각각 선택합니다.

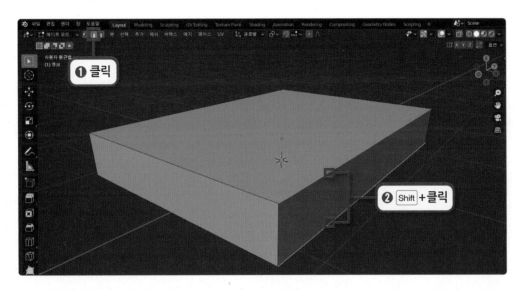

❹ 책등의 모서리를 부드럽게 하기 위해 베벨 기능 단축키인 Ctrl + B 키를 누르고 마우스 휠을 위로 밀어 선의 개수를 늘린 후 마우스를 드래그하여 각진 면을 부드럽게 변경합니다. 이어서 마우스를 두 번 클릭하여 작업을 마무리합니다.

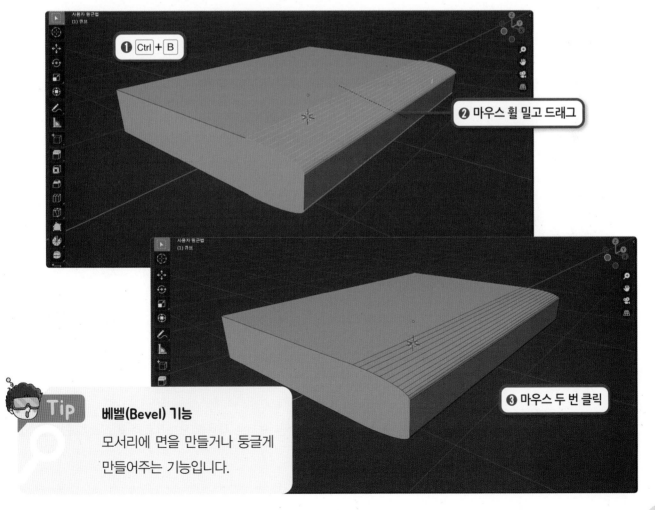

Tip

베벨(Bevel) 기능

모서리에 면을 만들거나 둥글게 만들어주는 기능입니다.

02 책 겉지와 속지 만들기

① [모드]를 [오브젝트 모드]로 변경하여 책을 선택한 후 Shift + D 키를 눌러 오브젝트를 복제하고
Enter 키를 누릅니다.

② S 키와 X, Y, Z 키를 이용하여 복제된 오브젝트의 크기를 그림과 같이 변경합니다.

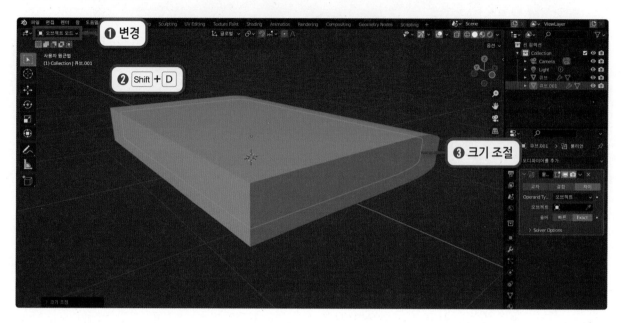

③ 오브젝트를 편집하기 위해 [모드]를 [에디트 모드]로 변경한 후 [아웃라이너] 창에서 '큐브' 오브
젝트를 선택하고 [뷰포트에서 숨기기(◉)]를 클릭하여 오브젝트를 숨깁니다.

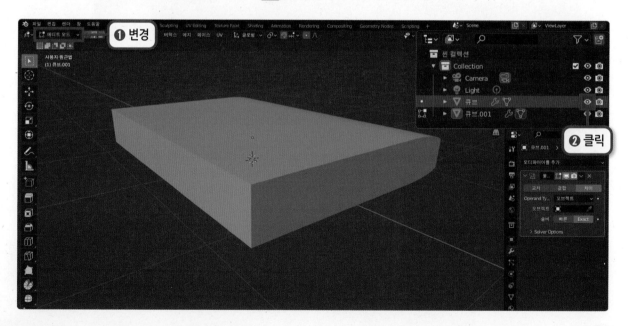

Tip 겉지로 사용할 오브젝트를 3D 뷰포트 창에서 숨기면 속지로 사용할 오브젝트를 편집하기 편리합
니다.

❹ 3D 뷰포트 창 상단의 [페이스(▣)]를 클릭한 후 책등(둥근 모서리 부분) 반대쪽 페이스를 선택하고 G 키와 X 키를 순서대로 눌러 X축(빨간색)을 기준으로 오브젝트의 너비를 크게 변경합니다.

❺ ❹와 같은 방법으로 위쪽 페이스를 선택한 후 G 키와 Y 키를 순서대로 눌러 Y축(초록색)을 기준으로 오브젝트의 길이를 변경합니다.

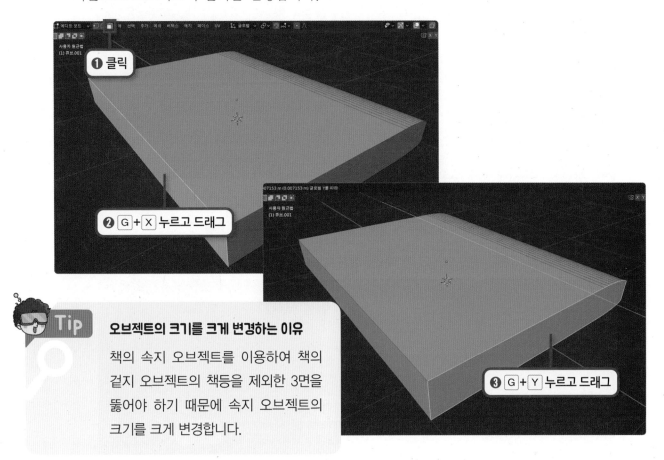

오브젝트의 크기를 크게 변경하는 이유

책의 속지 오브젝트를 이용하여 책의 겉지 오브젝트의 책등을 제외한 3면을 뚫어야 하기 때문에 속지 오브젝트의 크기를 크게 변경합니다.

❻ 다시 [모드]를 [오브젝트 모드]로 변경한 후 [아웃라이너] 창에서 '큐브' 오브젝트의 [뷰포트에서 숨기기(◡)]를 클릭하여 책의 겉지 오브젝트를 3D 뷰포트 창에 보인 후 속지 오브젝트를 선택하고 G 키와 X, Y 키를 이용하여 그림과 같이 책의 속지 위치를 겉지 중간으로 이동시킵니다.

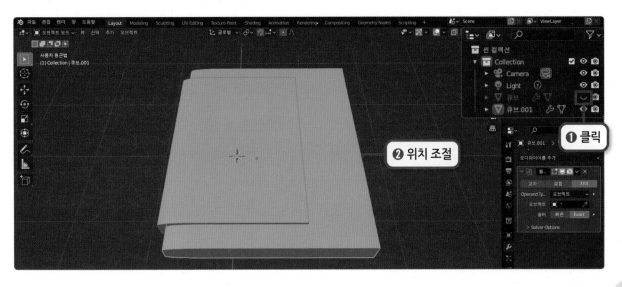

❼ 책의 겉지를 뚫기 위해 겉지 오브젝트를 선택하고 [프로퍼티] 창에서 [모디파이어 프로퍼티스(🔧)]-[모디파이어를 추가]-[불리언]을 순서대로 클릭합니다.

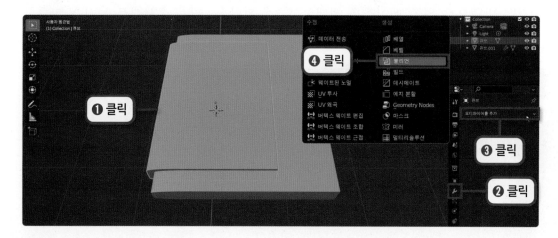

❽ [프로퍼티] 창에서 [차이]를 클릭한 후 [오브젝트]의 '스포이트(💉)'를 클릭하고 속지 오브젝트를 클릭합니다.

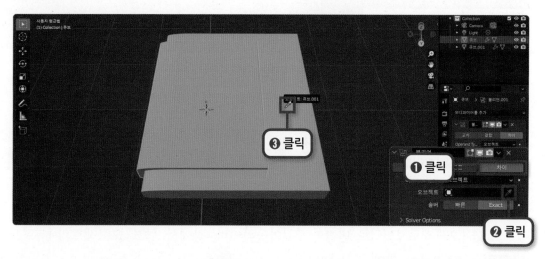

❾ 이어서 [불리언]의 목록 단추(⌄)를 클릭하여 [적용]을 클릭하고 속지 오브젝트를 선택한 후 Ⓢ 키와 Ⓧ, Ⓨ, Ⓩ 키를 이용하여 오브젝트의 크기를 겉지 오브젝트보다 작게 조절합니다.

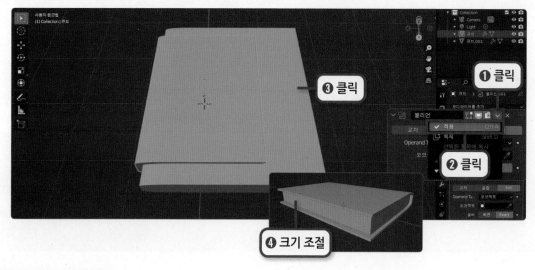

03 책 제목 입력하고 채색하기

❶ 3D 뷰포트 창 상단의 [매테리얼 미리보기(🔘)]를 클릭한 후 Shift + A 키를 눌러 [추가] 팝업 창이 나타나면 [텍스트]를 클릭합니다. 'Text' 오브젝트를 선택하고 크기, 방향, 위치를 조절한 후 [모드]를 [에디트 모드]로 변경합니다.

❷ 'Text' 글자를 지우고 책 제목을 입력한 후 다시 [모드]를 [오브젝트 모드]로 변경합니다.

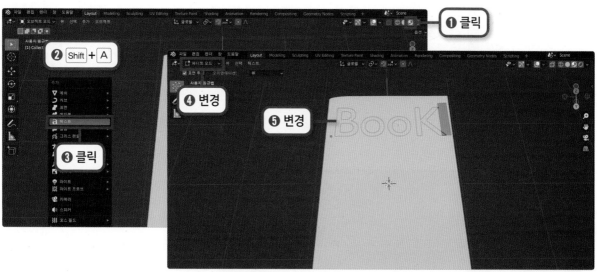

Tip

• '텍스트' 오브젝트를 선택하고 S (크기), R (방향), G (위치) 키와 X, Y, Z 키를 이용하여 크기, 방향, 위치를 조절합니다.

• 책 제목 입력 시 자판이 '한글'로 설정되어 있으면 텍스트를 입력할 수 없습니다.

❸ [프로퍼티] 창에서 [매트리얼 프로퍼티스(🔘)]를 이용하여 책의 겉지와 텍스트 오브젝트의 색상을 변경합니다.

❹ [파일]-[내보내기]-[Wavefront(.obj)]를 클릭하여 저장 위치와 파일 이름('book')을 지정한 후 [OBJ를 내보내기]를 클릭하고 저장된 obj 파일과 mtl 파일을 압축합니다.

블렌더 3D

09
Chapter

원형 테이블 만들기

학습내용 알아보기

• 테이블의 각진 면을 부드럽게 만드는 방법을 알아봅니다.

• 원형 테이블과 의자를 채색하는 방법을 알아봅니다.

• 원형 테이블과 의자를 부분적으로 채색하는 방법을 알아봅니다.

◆ **예제 파일** | round_table.blend ◆ **완성 파일** | round_table.obj

학습 목표

• 베벨을 이용하여 오브젝트의 각진 면을 부드럽게 만들 수 있습니다.

• 매트리얼 프로퍼티스를 이용하여 오브젝트를 채색할 수 있습니다.

• 매트리얼 프로퍼티스를 이용하여 페이스를 채색할 수 있습니다.

• 연결할 매테리얼 찾아보기를 이용하여 동일한 색상으로 채색할 수 있습니다.

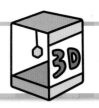

01 3D 모델링 작품 스케치하기

▶▶ 블렌더를 이용하여 모델링하기 전 3D 모델링에 사용할 오브젝트를 확인하고, 모델링할 작품을
스케치해 봅니다.

● 사용할 오브젝트 확인하기

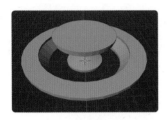

▲ round_table.blend

● 작품 스케치하기

이번 시간에는 오브젝트의 각진 면을 부드럽게 만든 후 오브젝트의 각 페이스에 색을 칠하여 회의실에서 함께
사용할 원형 테이블을 모델링하려고 합니다. 예제 파일을 확인하여 만들고 싶은 테이블을 스케치해 봅니다.

 예제 파일과 사용할 오브젝트를 확인하고 해당 오브젝트만 이용하여 모델링할 수 있도록 작품을
스케치합니다.

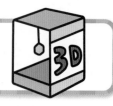

02 3D 모델링 작품 만들기

▶▶ 오브젝트의 각진 면을 부드럽게 만들어주는 베벨 기능과 오브젝트의 각 페이스에 채색할 수 있는 매트리얼 프로퍼티스 기능을 이용하여 스케치한 내용을 바탕으로 3D 모델링 작품을 완성해 봅니다.

01 원형 테이블 부드럽게 만들기

❶ 블렌더 프로그램을 실행한 후 [파일]-[열기]를 클릭하여 [블렌더 파일 보기] 대화상자가 나타나면 'round_table.blend' 파일을 선택하고 [열기]를 클릭합니다.

❷ 예제 파일이 불러와지면 테이블 오브젝트를 선택하고 [모드]를 [에디트 모드]로 변경합니다.

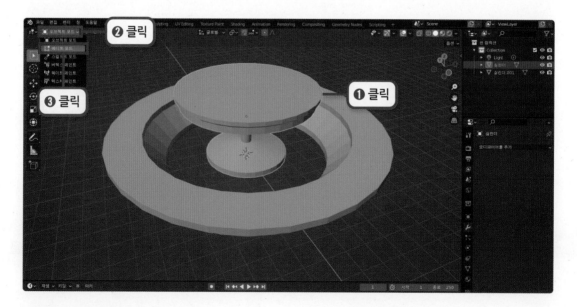

❸ 3D 뷰포트 창 상단의 [edge(🔲)]를 클릭하고 Alt 키를 누른 상태로 테이블 위쪽 선을 클릭합니다.

❹ 이어서 베벨 기능 단축키 Ctrl + B 키를 누른 후 마우스 휠을 위로 밀어 페이스의 개수를 추가하고
마우스를 드래그하여 테이블의 각진 면을 둥글게 변경합니다.

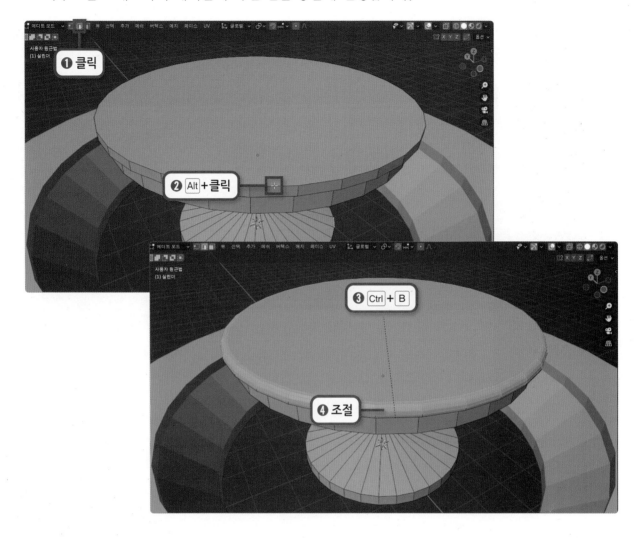

❺ ❸~❹와 같은 방법으로 그림과 같이 테이블의 각진 부분을 부드럽게 변경해 봅니다.

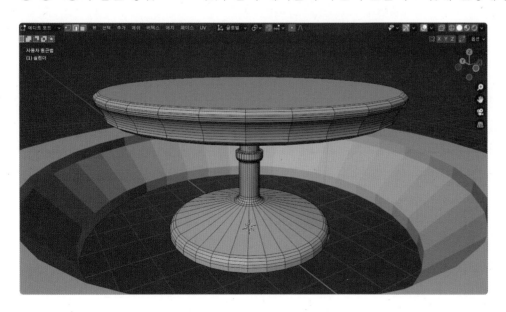

원형 테이블과 의자 채색하기

❶ [모드]를 [오브젝트 모드]로 변경한 후 테이블 오브젝트를 선택하고 [프로퍼티] 창에서 [매트리얼 프로퍼티스(●)]를 클릭하여 색상을 변경합니다.

❷ 선택한 색상이 적용된 모습을 확인하기 위해 3D 뷰포트 창 상단의 [매테리얼 미리보기(●)]를 클릭한 후 [모드]를 [에디트 모드]로 변경합니다.

❸ 이어서 3D 뷰포트 창 상단의 [페이스(■)]를 클릭합니다.

 Tip

에디트 모드로 변경하는 이유

오브젝트 모드에서는 오브젝트를 전체적으로 채색할 수 있지만 원하는 부분만 채색할 수 없기 때문에 에디트 모드에서 채색할 페이스를 선택하고 채색을 진행합니다.

④ Alt 키를 누른 상태로 채색할 페이스를 선택합니다.

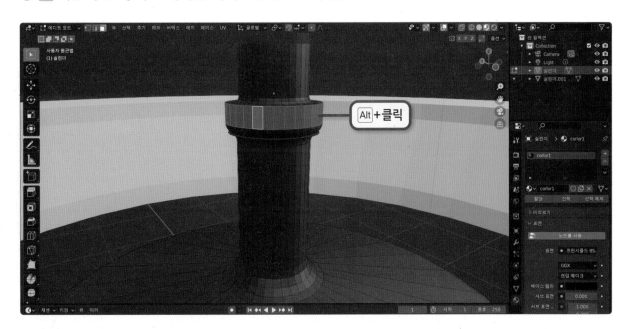

Tip 페이스를 클릭하면 페이스가 개별적으로 선택되고, Alt 키를 누른 상태로 페이스를 클릭하면 연결 되어 있는 페이스가 모두 선택됩니다. 선택할 페이스의 가로 선(상하)을 클릭하면 상하로 연결된 페이스들이 선택되고 세로 선(좌우)을 클릭하면 좌우로 연결된 페이스들이 선택됩니다.

⑤ [프로퍼티] 창에서 [매트리얼 프로퍼티스(●)]를 클릭하고 [매테리얼 슬롯을 추가(＋)]–[새로운]을 클릭하여 새로운 매테리얼 슬롯을 추가한 후 이름을 'color2'로 입력합니다.

⑥ 베이스 컬러를 그림과 같이 지정한 후 [할당]을 클릭합니다.

Tip [할당]을 클릭하지 않을 경우 지정한 색이 적용되지 않습니다.

❼ Shift + Alt 키를 누른 상태로 페이스를 선택합니다.

 Alt 키를 누르고 페이스를 선택하면 연결된 페이스를 1개만 선택할 수 있지만 Shift + Alt 키를 누르고 페이스를 선택하면 연결된 페이스를 여러 개 선택할 수 있습니다.

❽ [매트리얼 프로퍼티스(◉)] 창에서 'color2'를 선택한 후 [할당]을 클릭합니다.

 다른 색을 지정하고 싶다면 [매테리얼 슬롯을 추가(➕)]–[새로운]을 클릭하여 새로운 매테리얼 슬롯을 추가한 후 베이스 컬러를 변경하고 [할당]을 클릭합니다.

❾ 같은 방법으로 다른 페이스도 자유롭게 색을 변경해 봅니다.

⑩ [모드]를 [오브젝트 모드]로 변경한 후 의자 오브젝트를 선택합니다. 테이블의 색상과 동일한 색상으로 변경하기 위해 [매트리얼 프로퍼티스(⬤)] 창에서 [연결할 매테리얼을 찾아보기(⬤⌄)]를 클릭하고 'color1'을 클릭합니다.

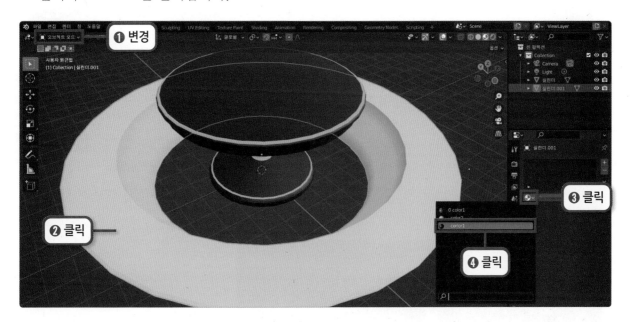

⑪ [모드]를 [에디트 모드]로 변경하고 페이스를 선택한 후 테이블 오브젝트에서 사용했던 색상을 적용하기 위해 [매테리얼 슬롯을 추가(➕)]−[연결할 매테리얼을 찾아보기(⬤⌄)]를 클릭하여 색상을 선택하고 [할당]을 클릭합니다.

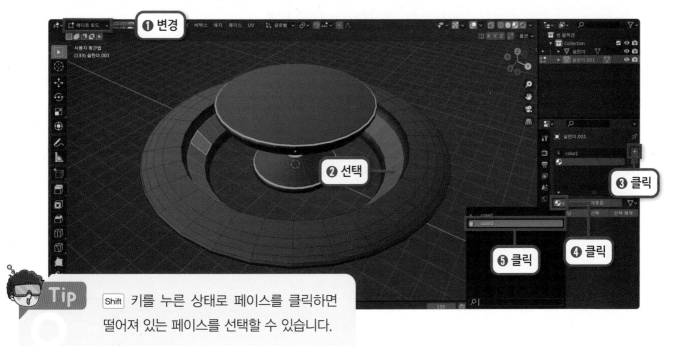

Tip Shift 키를 누른 상태로 페이스를 클릭하면 떨어져 있는 페이스를 선택할 수 있습니다.

⑫ [모드]를 [오브젝트 모드]로 변경하고 [파일]−[내보내기]−[Wavefront(.obj)]를 클릭하여 저장 위치와 파일 이름('round_table')을 지정한 후 [OBJ를 내보내기]를 클릭하고 저장된 obj 파일과 mtl 파일을 압축합니다.

10
Chapter

빛나는 조명 만들기

학습내용 알아보기

• 조명대와 전구를 채색하는 방법을 알아봅니다.
• 조명의 강도를 조절하는 방법을 알아봅니다.
• 조명의 전원 버튼을 만드는 방법을 알아봅니다.

◆ **예제 파일** | light.blend   ◆ **완성 파일** | light.obj

학습 목표

• 매트리얼 프로퍼티스를 이용하여 오브젝트를 채색할 수 있습니다.
• 매트리얼 프로퍼티스를 이용하여 오브젝트의 표면 속성을 변경할 수 있습니다.
• 매트리얼 프로퍼티스를 이용하여 오브젝트의 색상 강도를 조절할 수 있습니다.

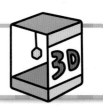

 01 3D 모델링 작품 스케치하기

▶▶ 블렌더를 이용하여 모델링하기 전 3D 모델링에 사용할 오브젝트를 확인하고, 모델링할 작품을 스케치해 봅니다.

● **사용할 오브젝트 확인하기**

▲ light.blend

▲ UV 구체

● **작품 스케치하기**

이번 시간에는 오브젝트의 색상과 재질을 변경하여 우주선 안 회의실을 밝게 빛낼 조명을 모델링하려고 합니다. 예제 파일을 확인하여 만들고 싶은 조명을 스케치해 봅니다.

 Tip 예제 파일과 제시된 오브젝트만 이용하여 모델링할 수 있도록 작품을 스케치합니다.

3D 모델링 작품 만들기

▶▶ 오브젝트의 색상과 표면의 속성을 변경할 수 있는 매트리얼 프로퍼티스 기능을 이용하여 스케치한 내용을 바탕으로 3D 모델링 작품을 완성해 봅니다.

01 조명 채색하기

❶ 블렌더 프로그램을 실행한 후 [파일]-[열기]를 클릭하여 [블렌더 파일 보기] 대화상자가 나타나면 'light.blend' 파일을 선택하고 [열기]를 클릭합니다.

❷ 예제 파일이 불러와지면 불빛의 방향을 확인하기 위해 3D 뷰포트 창 상단의 [렌더 미리보기(◉)]를 클릭합니다.

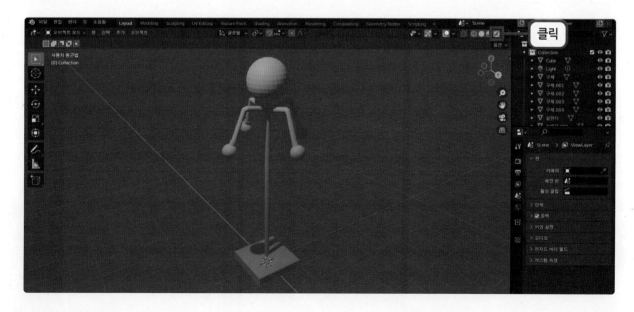

❸ 조명대 오브젝트를 선택하고 [프로퍼티] 창에서 [매트리얼 프로퍼티스()]를 클릭하여 그림과
같이 색상을 변경합니다.

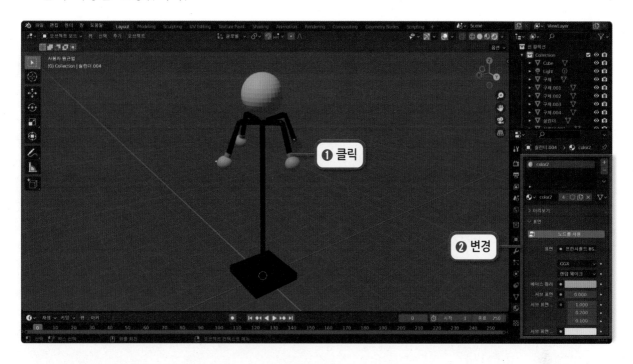

❹ 같은 방법으로 전구 오브젝트의 색상을 변경합니다.

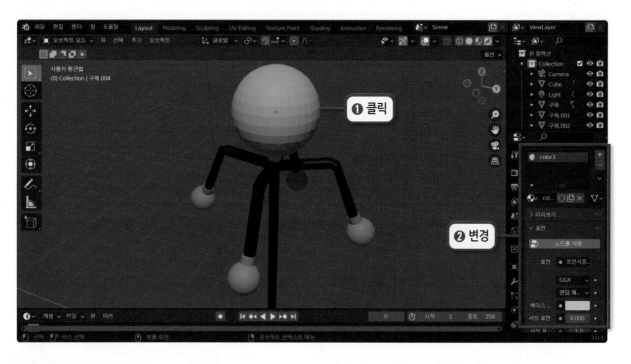

Tip　전구 오브젝트의 색상은 밝은 색상으로 변경합니다.

02 **전구 재질 변경하기**

❶ 전구 오브젝트를 선택한 후 [매트리얼 프로퍼티스()] 창의 '표면' 항목에서 오브젝트의 표면을
  '방출'로 선택합니다.

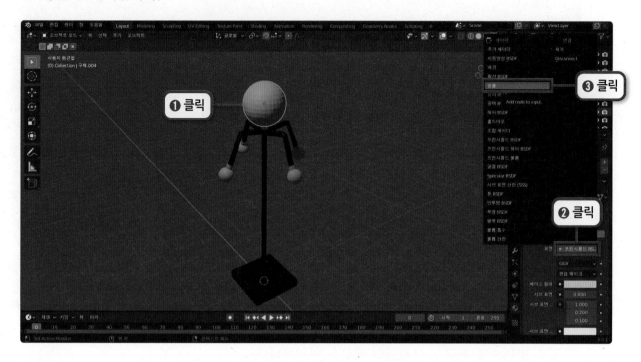

Tip 오브젝트의 표면을 '방출'로 선택하면 코스페이시스로 불러왔을 때 빛을 표시하지 못합니다.

❷ 이어서 '컬러' 항목에서 빛의 색상을 선택하고 '강도' 항목에서 빛의 밝기를 조절합니다.

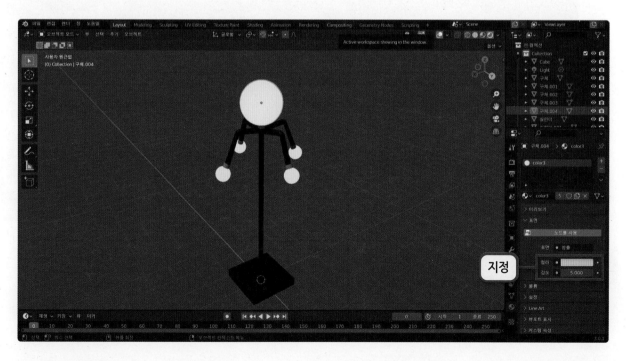

❸ 조명의 전원 버튼을 만들기 위해 Shift + A 키를 눌러 [추가] 팝업 창이 나타나면 [메쉬]-[UV 구체]를 클릭합니다.

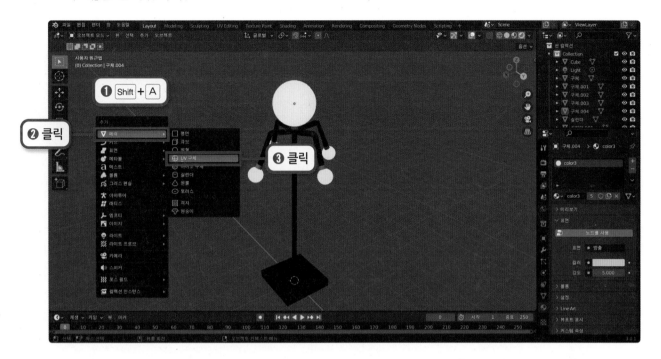

❹ 오브젝트가 추가되면 S 키를 누른 후 마우스를 드래그하여 크기를 변경하고, G 키와 X, Y, Z 키를 이용하여 오브젝트의 위치를 그림과 같이 조절합니다.

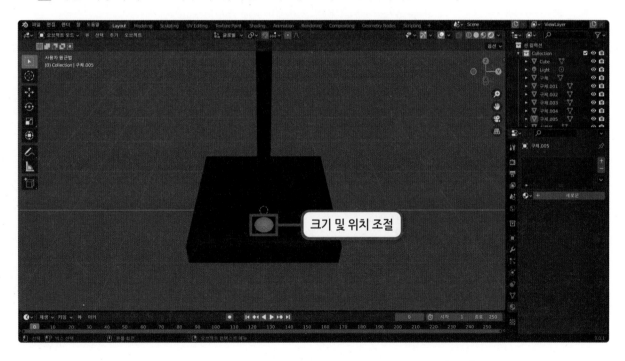

❺ 'UV 구체' 오브젝트를 선택한 후 [매트리얼 프로퍼티스(◎)] 창에서 매테리얼 슬롯을 추가하고 이름을 지정합니다.

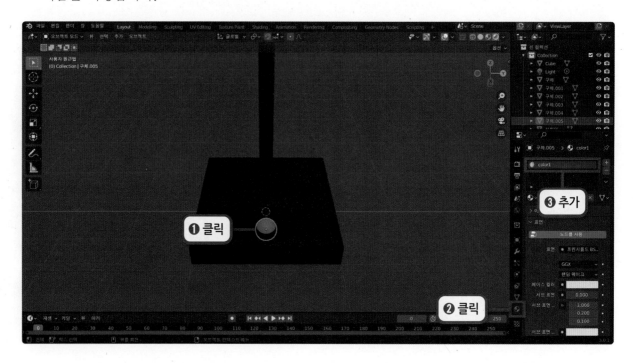

❻ '표면' 항목에서 표면을 '방출'로 지정한 후 '컬러' 항목과 '강도' 항목에서 색상과 밝기를 조절합니다.

❼ 마우스 휠을 아래로 당겨 화면을 축소한 후 완성된 조명을 확인해 봅니다.

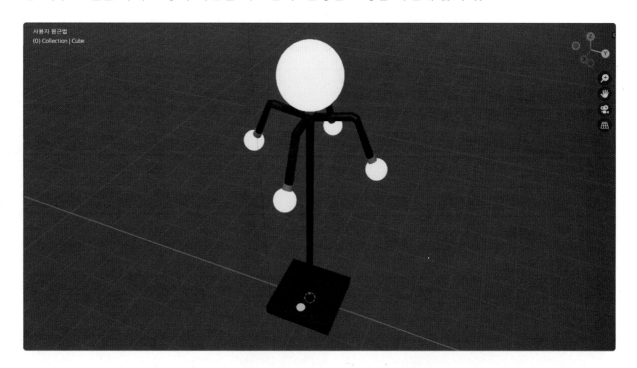

빛 밝기 확인 방법

빛은 배경(바닥)이 있을 때 확인할 수 있으므로 Shift + A 키를 눌러 [추가] 팝업 창이 나타나면 [메쉬]-[평면]을 클릭하여 배경(바닥)을 만들고 크기를 확대하여 빛의 밝기를 정확하게 확인할 수 있습니다.

❽ [파일]-[내보내기]-[Wavefront(.obj)]를 클릭하여 저장 위치와 파일 이름('light')을 지정한 후 [OBJ를 내보내기]를 클릭하고 저장된 obj 파일과 mtl 파일을 압축합니다.

11
Chapter

장면 렌더링하기

학습내용 알아보기

- 완성한 3D 모델링 오브젝트를 불러오는 방법을 알아봅니다.
- 오브젝트의 크기와 위치를 조절하여 장면을 꾸미는 방법을 알아봅니다.
- 조명을 비추어 오브젝트의 분위기를 변경하는 방법을 알아봅니다.
- 오브젝트를 한 장면의 이미지로 저장하는 방법을 알아봅니다.

◆ **예제 파일** | stage.blend ◆ **완성 파일** | stage.png

학습 목표

- 제작한 3D 모델링 오브젝트를 불러올 수 있습니다.
- 오브젝트 데이터 프로퍼티스를 이용하여 라이트 속성을 변경할 수 있습니다.
- 라이트의 위치를 조절하여 빛이 비추는 방향을 조절할 수 있습니다.
- 활성 카메라를 실행하여 렌더링한 장면을 이미지로 저장할 수 있습니다.

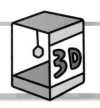

▶▶ 블렌더를 이용하여 모델링하기 전 3D 모델링에 사용할 오브젝트를 확인하고, 모델링할 작품을 스케치해 봅니다.

● 사용할 오브젝트 확인하기

▲ stage.blend   ▲ bookshelf.obj   ▲ book.obj   ▲ round_table.obj   ▲ light.obj

● 작품 스케치하기

이번 시간에는 앞서 만든 3D 모델링 오브젝트를 불러와 적절한 장소에 배치하고 빛의 속성을 조절하여 분위기 있는 작품을 만든 후 장면을 렌더링하여 이미지 파일로 내보내려고 합니다. 예제 파일을 확인하여 오브젝트를 어떻게 배치할지 스케치해 봅니다.

Tip   예제 파일과 제시된 오브젝트만 이용하여 모델링할 수 있도록 작품을 스케치합니다.

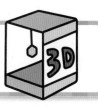

02 3D 모델링 작품 만들기

▶▶ 앞서 완성한 3D 모델링 오브젝트를 불러와 적절한 곳에 배치하고 오브젝트의 빛 속성을 지정할 수 있는 데이터 프로퍼티스 기능을 이용하여 스케치한 내용을 바탕으로 3D 모델링 작품을 이미지 파일로 렌더링해 봅니다.

01 3D 모델링 오브젝트 불러와 배치하기

❶ 블렌더 프로그램을 실행한 후 [파일]–[열기]를 클릭하여 [블렌더 파일 보기] 대화상자가 나타나면 'stage.blend' 파일을 선택하고 [열기]를 클릭합니다.

❷ 예제 파일이 불러와지면 오브젝트의 색상을 확인하기 위해 3D 뷰포트 창 상단의 [매테리얼 미리보기(🌑)]를 클릭합니다.

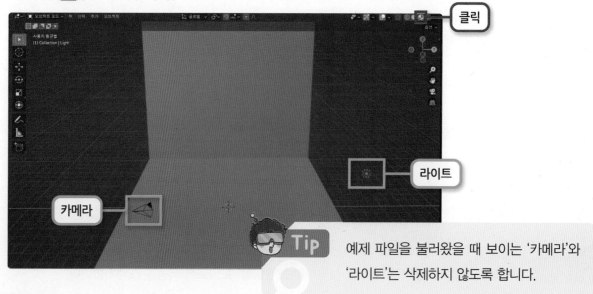

> Tip
> 예제 파일을 불러왔을 때 보이는 '카메라'와 '라이트'는 삭제하지 않도록 합니다.

❸ 오브젝트를 불러오기 위해 [파일]-[가져오기]-[Wevefront(.obj)]를 클릭하여 [블렌더 파일 보기]
대화상자가 나타나면 'round_table.obj'를 선택한 후 [OBJ를 가져오기]를 클릭합니다.

❹ 'round_table' 오브젝트가 추가되면 Shift 키를 누른 상태로 의자와 테이블 오브젝트를 선택한 후
S 키를 누르고 마우스를 드래그하여 크기를 조절합니다.

❺ 이어서 'round_table' 오브젝트를 선택한 후 Shift+D 키를 눌러 오브젝트를 복제하고 G 키와
X, Y, Z 키를 이용하여 복제된 오브젝트의 위치를 조절합니다.

Tip

오브젝트를 복제했을 때 오브젝트의
외곽선만 보인다면 G 키와 Z 키를
이용하여 복제된 오브젝트의 높이를
조절합니다.

❻ ❸과 같은 방법으로 'light.obj' 오브젝트를 추가한 후 ❹~❺와 같은 방법으로 오브젝트의 크기를 조절하고 복제하여 위치를 조절합니다.

Tip

오브젝트 합치기

Shift 키를 누른 상태로 나누어진 오브젝트를 선택하고 마우스 오른쪽 버튼을 클릭한 후 [합치기]를 클릭하거나 Ctrl + J 키를 누르면 오브젝트가 합쳐져 쉽게 이동시킬 수 있습니다.

❼ 같은 방법으로 'bookshelf.obj' 오브젝트를 불러와 그림과 같이 크기와 위치를 조절해 봅니다.

Tip

오브젝트 회전하기

R 키를 누르고 X, Y, Z 키를 누른 후 마우스를 드래그하여 회전하거나 R 키를 누르고 X, Y, Z 키를 누른 후 회전하고 싶은 각도를 입력하고 Enter 키를 누릅니다.

⑧ 같은 방법으로 'book.obj' 오브젝트를 불러와 복제하고 그림과 같이 크기와 위치를 조절해 봅니다.

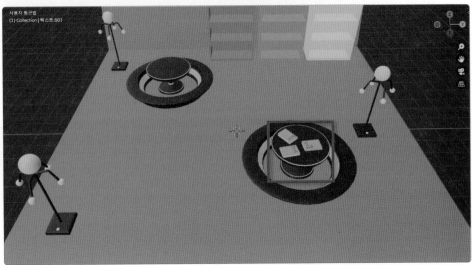

정사법 활용하기

키보드 오른쪽 숫자 패드의 숫자 키를 활용하면 화면의 시점을 오른쪽, 위쪽, 앞쪽 등으로 다양하게 변경할 수 있어 오브젝트의 위치를 더욱 정확하게 확인할 수 있습니다(21페이지 참고).

02 장면 렌더링하기

❶ 마우스 휠을 아래로 당겨 화면을 축소한 후 라이트 오브젝트를 찾아 클릭합니다. 이어서 3D 뷰포트 창 상단의 [렌더 미리보기(⚫)]를 클릭합니다.

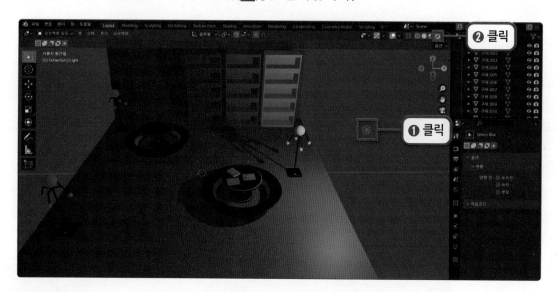

❷ [프로퍼티] 창에서 [오브젝트 데이터 프로퍼티스(💡)]를 클릭하여 '컬러'와 '파워' 항목을 그림과 같이 지정합니다.

오브젝트 데이터 프로퍼티스 속성 알아보기

❶ **종류** : 라이트(빛)의 종류를 선택합니다.

❷ **컬러** : 방출되는 빛의 색상을 설정합니다.

❸ **파워** : 방출되는 빛의 강도를 설정합니다.

❹ **확산** : 방출되는 빛의 범위를 설정합니다.

❺ **반사** : 방출되는 빛에 의해 만들어지는 반사량을 설정합니다.

❸ 라이트를 선택한 후 G 키와 X, Y, Z 키를 이용하여 위치를 조절합니다.

❹ Shift + D 키를 눌러 라이트를 복제하고 G 키와 X, Y, Z 키를 이용하여 복제된 라이트의 위치를 조절한 후 오브젝트 데이터 프로퍼티스 속성을 자유롭게 변경합니다.

❺ 렌더링 화면을 설정하기 위해 N 키를 눌러 사이드바를 활성화시키고 [뷰] 탭-[Camera to View]에 체크한 후 활성 카메라를 실행하기 위해 키보드 오른쪽 숫자 패드의 ⓪ 키를 누릅니다.

Tip 3D 뷰포트 창 상단의 [뷰]-[카메라]-[활성 카메라]를 클릭하여 활성 카메라를 실행할 수도 있습니다.

❻ 활성 카메라가 실행되면 화면을 조정하여 렌더링할 영역을 카메라 범위 안에 맞춥니다. 이어서 F12 키를 눌러 [블렌더 렌더] 창이 나타나면 [이미지]-[다른 이름으로 저장]을 클릭하여 렌더링한 이미지를 저장합니다.

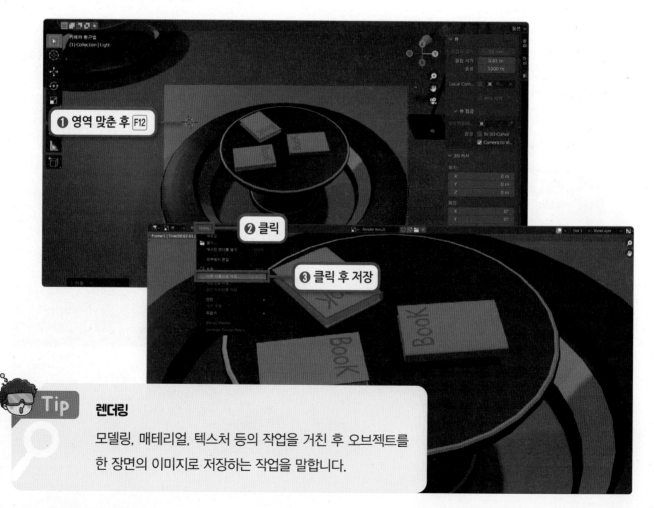

Tip 렌더링

모델링, 매테리얼, 텍스처 등의 작업을 거친 후 오브젝트를 한 장면의 이미지로 저장하는 작업을 말합니다.

MEMO

우주선 안 회의실 꾸미기

학습내용 알아보기

- 오브젝트를 불러와 우주선 안 회의실을 꾸미는 방법을 알아봅니다.
- 오브젝트를 다른 오브젝트에 붙이는 방법을 알아봅니다.
- 오브젝트의 제스처를 변경하는 방법을 알아봅니다.

◆ 예제 파일 | https://edu.cospaces.io/JDG-FZN   ◆ 완성 파일 | https://edu.cospaces.io/SBM-HTH

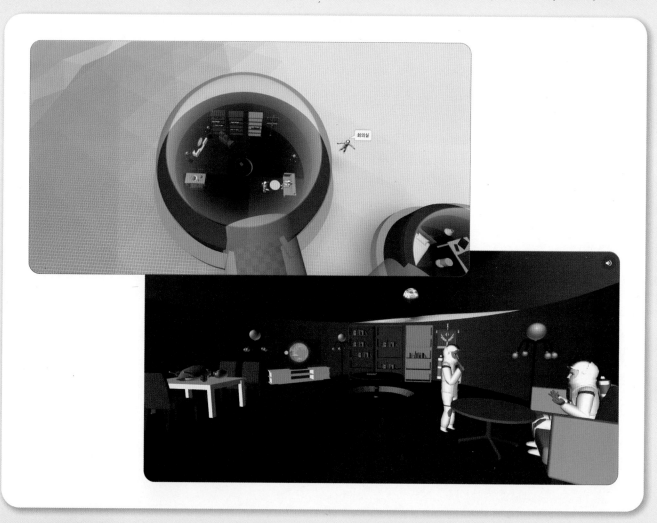

학습 목표

- 3D모델의 업로드를 이용하여 블렌더로 완성한 3D 오브젝트를 불러올 수 있습니다.
- 그룹 만들기를 이용하여 여러 오브젝트를 그룹화할 수 있습니다.
- 붙이기를 이용하여 오브젝트를 다른 오브젝트에 붙일 수 있습니다.
- 애니메이션을 이용하여 오브젝트의 제스처를 변경할 수 있습니다.

01 # 가상현실(VR) 작품 스케치하기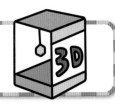

▶▶ 코스페이시스를 이용하여 작품을 만들기 전 완성한 3D 모델링 오브젝트를 어디에 배치하고 꾸밀지 생각하여 작품을 스케치해 봅니다.

● **사용할 오브젝트 확인하기**

▲ round table

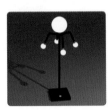

▲ light

▲ bookshelf

▲ book

● **작품 스케치하기**

이번 시간에는 앞서 만든 3D 모델링 오브젝트를 코스페이시스로 불러와 적절한 장소에 배치하고 코스페이시스의 오브젝트 이동 및 붙이기, 애니메이션 기능을 이용하여 우주선 안 회의실을 완성하려고 합니다. 예제 파일을 확인하여 어떤 작품을 완성할지 스케치해 봅니다.

 Tip 예제 파일과 사용할 오브젝트를 확인하고 오브젝트를 어느 곳에 어떻게 배치하면 좋을지 생각하여 스케치합니다.

02 가상현실(VR) 작품 만들기

▶▶ 코스페이시스를 실행하고 앞서 완성한 3D 모델링 오브젝트를 불러와 적절한 곳에 배치한 후 코스페이시스의 오브젝트 이동 및 붙이기 기능을 이용하여 우주선 안 회의실을 꾸며 봅니다.

01 3D 모델링 오브젝트 불러오기

❶ 크롬(🌐)을 실행하고 코스페이시스 에듀(https://cospaces.io/edu/) 사이트에 접속하여 로그인 한 후 주소창에 예제 파일 주소를 입력하여 [리믹스]하거나 [내 학급]─[12강 예제]에 접속합니다.

❷ [업로드]─[3D모델]─[업로드]를 클릭하여 압축해 놓은 'book.zip', 'bookshelf.zip', 'light.zip', 'round_table.zip' 파일을 업로드합니다.

❸ 'book.obj', 'bookshelf.obj', 'light.obj', 'round_table.obj' 오브젝트를 각각 드래그하여 장면에 추가합니다.

블렌더에서 제작한 3D 모델링 오브젝트를 코스페이시스에 업로드했을 때 오브젝트의 모양이 깨지는 경우도 있습니다. 앞서 만든 3D 모델링 오브젝트를 코스페이시스에 업로드했을 때 모양이 깨진다면, 예제 파일을 이용합니다.

④ 오브젝트를 선택하고 [드래그해서 크기 바꾸기(⊡)]를 드래그하여 오브젝트의 크기를 변경합니다.

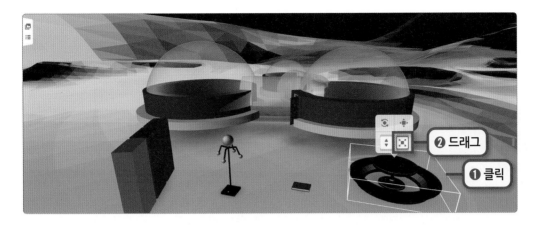

⑤ [라이브러리]-[아이템]에서 'Row of books' 오브젝트를 장면으로 드래그한 후 [회전 모드(◎)]와 [이동 모드(✥)]를 이용하여 책장에 넣어 봅니다.

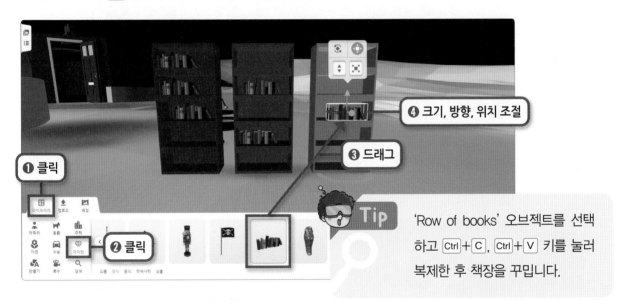

Tip

'Row of books' 오브젝트를 선택하고 Ctrl + C, Ctrl + V 키를 눌러 복제한 후 책장을 꾸밉니다.

⑥ 그림과 같이 장면을 회전시키고 Shift 키를 누른 상태로 마우스를 드래그하여 책장과 책을 모두 선택한 후 마우스 오른쪽 버튼을 클릭하여 [그룹 만들기]를 클릭합니다.

02 TV 화면 만들기

❶ [라이브러리]–[주택]에서 'TV' 오브젝트를 장면으로 드래그합니다. 이어서 [업로드]–[이미지]–
[웹 검색]에서 '우주'를 입력하고 파일 종류를 'GIF'로 변경하여 검색한 후 원하는 이미지를 장면
으로 드래그합니다.

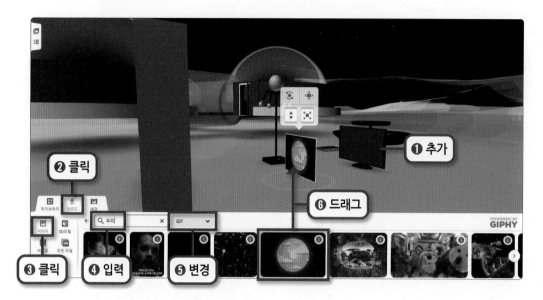

❷ 이미지를 'TV' 오브젝트에 붙이기 위해 이미지를 마우스 오른쪽 버튼으로 클릭하여 [속성] 창이
나타나면 [붙이기]를 클릭합니다.

❸ 'TV' 오브젝트에 파란색 점이 나타나면 가운데 파란색 점에 마우스 포인터를 가져다 대고 파란색
점이 노란색으로 변경되면 클릭하여 이미지를 'TV' 오브젝트에 붙인 후 [드래그해서 크기 바꾸기
(⬚)]를 드래그하여 TV 크기에 맞게 이미지 크기를 조절합니다.

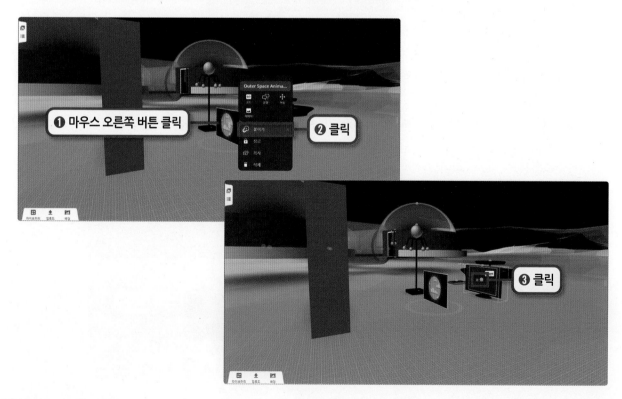

03 회의실 꾸미기

❶ 각각의 오브젝트를 선택한 후 [회전 모드(◉)]와 [이동 모드(✛)]를 이용하여 오브젝트를 회의
실로 이동시킵니다.

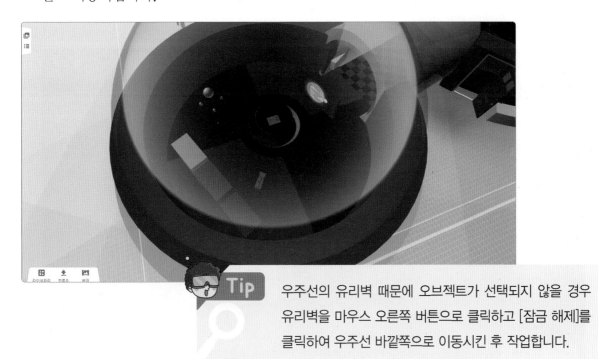

Tip 우주선의 유리벽 때문에 오브젝트가 선택되지 않을 경우
유리벽을 마우스 오른쪽 버튼으로 클릭하고 [잠금 해제]를
클릭하여 우주선 바깥쪽으로 이동시킨 후 작업합니다.

❷ 오브젝트를 복제하거나 [라이브러리]에서 오브젝트를 추가하여 그림과 같이 우주선 안 회의실을
완성해 봅니다.

Tip 회의실 꾸미기가 완성되면 우주선 바깥쪽으로 이동시켜 놓았던 유리벽을 원래 위치로 이동시키고
유리벽 오브젝트를 잠급니다.

오브젝트에 애니메이션 적용하기

❶ [라이브러리]–[캐릭터]에서 'Astronaut man' 오브젝트를 장면으로 드래그하여 추가한 후 오브젝트를 마우스 오른쪽 버튼으로 클릭하여 [속성] 창이 나타나면 [애니메이션]–[Actions]–[Sit and talk]를 클릭합니다.

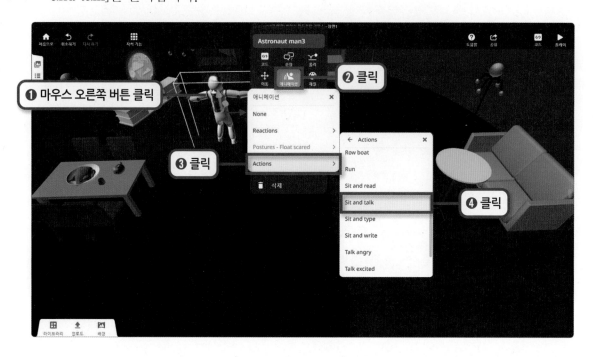

❷ 다시 [속성] 창에서 [붙이기]를 클릭하고 소파 위에 나타난 파란색 점을 클릭하여 오브젝트를 붙입니다.

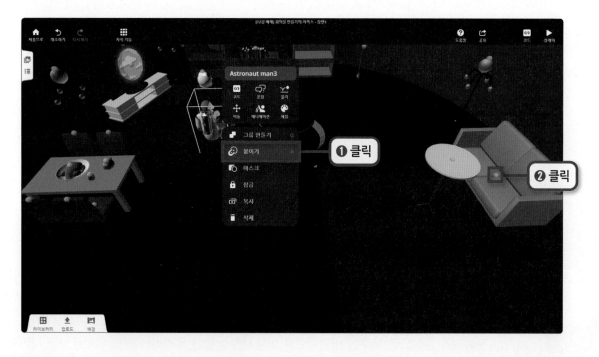

❸ 이어서 'Astronaut woman' 오브젝트를 장면으로 드래그하여 추가한 후 마우스 오른쪽 버튼을 클릭하고 [속성] 창이 나타나면 [애니메이션]-[Actions]-[Talk neutral]을 클릭합니다.

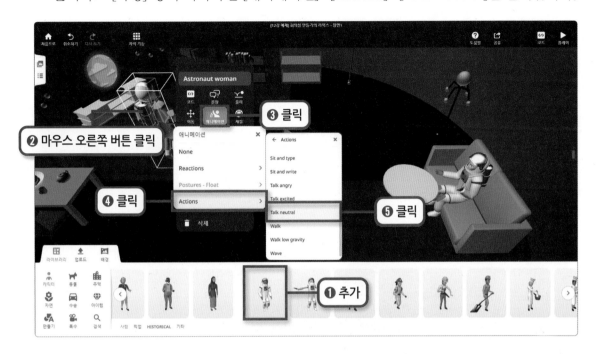

❹ 'Astronaut woman' 오브젝트의 방향과 위치를 조절하여 그림과 같이 우주인이 대화하는 모습을 완성합니다.

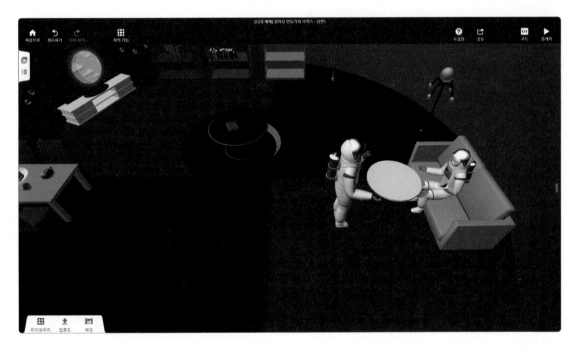

❺ 우주선 안 회의실이 완성되면 상단 메뉴의 [플레이]를 클릭하여 내가 디자인한 회의실을 감상해 봅니다.

13
Chapter

우주 행성 만들기

학습내용 알아보기

• UV 구체 오브젝트로 행성을 만드는 방법을 알아봅니다.

• 행성 표면을 거칠게 표현하는 방법을 알아봅니다.

• 토러스 오브젝트로 행성의 띠를 만드는 방법을 알아봅니다.

◆ 예제 파일 | planet.blend ◆ 완성 파일 | planet.blend

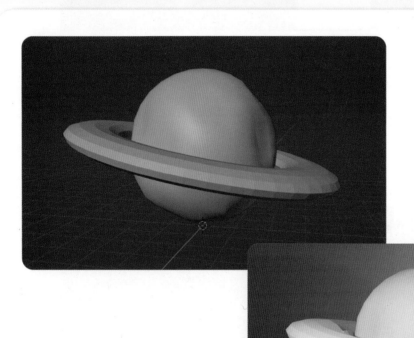

학습 목표

• 스컬프트의 엘라스틱 변형 브러시를 이용하여 행성에 홈을 만들 수 있습니다.

• 스컬프트의 스무스 브러시를 이용하여 홈을 부드럽게 만들 수 있습니다.

• 스컬프트의 점토 브러시를 이용하여 행성 표면을 거칠게 만들 수 있습니다.

3D 모델링 작품 스케치하기

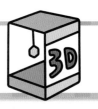

▶▶ 블렌더를 이용하여 모델링하기 전 3D 모델링에 사용할 오브젝트를 확인하고, 모델링할 작품을 스케치해 봅니다.

● 사용할 오브젝트 확인하기

▲ planet.blend

▲ 토러스

● 작품 스케치하기

이번 시간에는 오브젝트를 마우스로 당기거나 밀어 넣어 찰흙으로 작품을 만드는 것처럼 변경하여 우주에 떠 있는 행성을 모델링하려고 합니다. 예제 파일을 확인하여 만들고 싶은 행성을 스케치해 봅니다.

 Tip   예제 파일과 제시된 오브젝트만 이용하여 모델링할 수 있도록 작품을 스케치합니다.

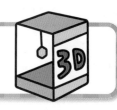

▶▶ 오브젝트를 마우스로 당기고 밀어 찰흙 작품을 만드는 것과 같이 오브젝트를 변경할 수 있는 스컬프트 기능을 이용하여 스케치한 내용을 바탕으로 3D 모델링 작품을 완성해 봅니다.

01 행성 만들기

❶ 블렌더 프로그램을 실행한 후 [파일]–[열기]를 클릭하여 [블렌더 파일 보기] 대화상자가 나타나면 'planet.blend' 파일을 선택하고 [열기]를 클릭합니다.

> **Tip** 예제 파일을 불러오면 기본적으로 [스컬프트 모드]가 적용되어 실행됩니다.

> **Tip** **스컬프트 브러시 알아보기**
>
> - 🔵 **그리기** : 둥근 모양으로 드로우
> - 🔵 **샤프 그리기** : 뾰족한 모습으로 드로우
> - 🔴 **점토** : 둥근 모양으로 점토 붙이기
> - 🟤 **점토 스트립** : 사각 모양으로 점토 붙이기
> - 🔵 Clay Thumb : 둥근 모양으로 파기
> - 🟢 **레이어** : 둥근 모양으로 붙이기
> - 🔵 **팽창** : 팽창하기
> - 🔵 **얼룩** : 부풀리기
> - 🔵 **크리스** : 부드럽게 파기
> - 🔵 **스무스** : 부드럽게 정리하기
> - ⚫ **평평하게** : 평평하게 하기
>
> - 🔵 **채우기** : 파인 곳 채우기
> - 🔵 **긁어내기** : 긁어내기
> - 🔵 Multi-plane Scrape : 중간에 뾰족하게 선 긋기
> - 🟤 **핀치** : 중심으로 모으기
> - 🟢 **잡기** : 잡아 당기기
> - 🟢 **엘라스틱 변형** : 당겨서 모양 변형하기
> - 🔵 **스네이크 후크** : 잡아 당기기
> - ⚫ **썸** : 모양 변경
> - 🟣 **포즈** : 회전하기
> - ⚫ **넛지** : 무늬 만들기
> - 🔵 **회전** : 회전하기

❷ '구체' 오브젝트에 홈을 만들기 왼쪽 [브러시] 창에서 [엘라스틱 변형()]을 클릭합니다.

❸ 3D 뷰포트 창 상단에서 '반경'을 '30'px로, '강도'를 '0.700'으로 지정합니다.

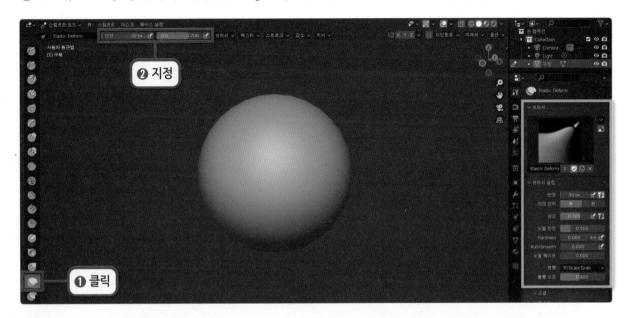

Tip 오른쪽 [프로퍼티] 창에서 선택된 브러시의 기능을 미리 확인할 수 있으며, 브러시 속성을 설정할 수 있습니다.

❹ 마우스를 클릭한 상태로 '구체' 오브젝트를 안쪽으로 드래그합니다.

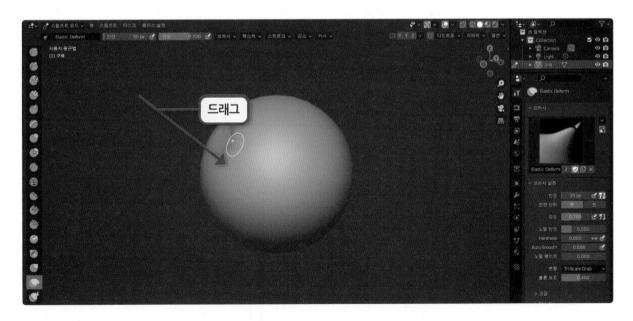

Tip [엘라스틱 변형] 브러시를 선택하고 마우스를 안쪽으로 드래그하면 구체에 홈이 생기고 바깥으로 드래그하면 구체에 뿔이 생깁니다.

❺ 화면을 회전시켜가며 ❹와 같은 방법으로 '구체' 오브젝트를 안쪽으로 드래그하여 그림과 같이 홈을 만듭니다.

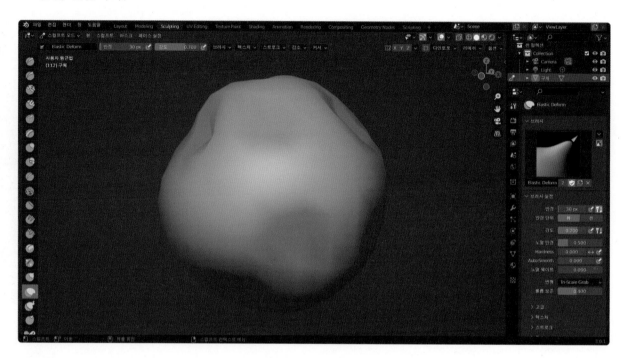

 Tip '반경'과 '강도' 값을 변경하며 작업하면 각 홈의 크기 및 모양을 다양하게 표현할 수 있습니다.

❻ 왼쪽 [브러시] 창에서 [스무스(◉)]를 클릭한 후 홈이 패인 곳을 마우스로 클릭하여 홈을 부드 럽게 만듭니다.

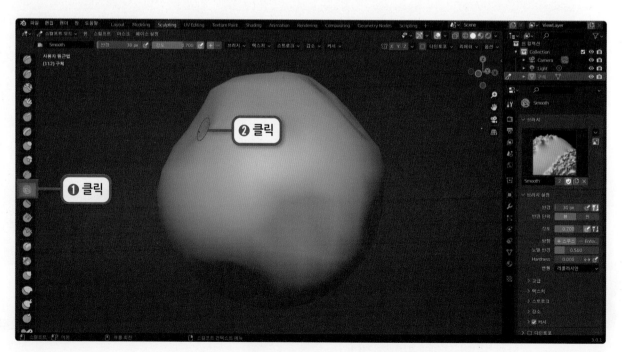

❼ 행성의 표면을 거칠게 표현하기 위해 왼쪽 [브러시] 창에서 [점토(⬤)]를 클릭한 후 행성 표면을 클릭하여 표면을 거칠게 만듭니다.

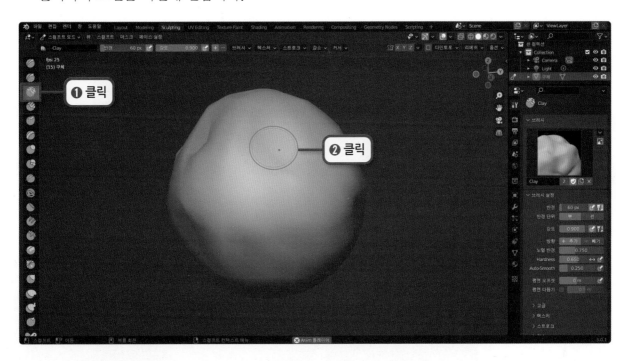

❽ 새로운 오브젝트를 추가하기 위해 상단 메뉴의 [Layout]을 클릭합니다.

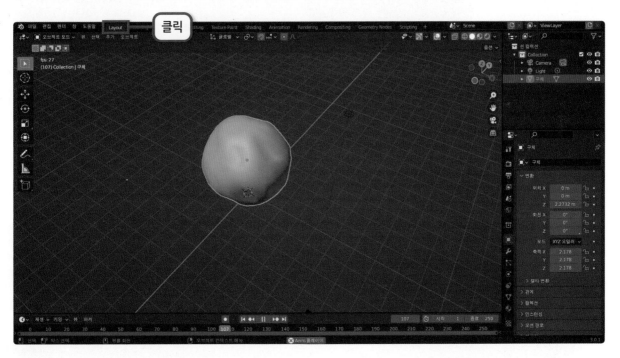

 새로운 오브젝트를 추가할 때는 [오브젝트 모드]의 [Layout] 창으로 돌아와 작업합니다.

행성 띠 만들기

❶ Shift + A 키를 눌러 [추가] 팝업 창이 나타나면 [메쉬]–[토러스]를 클릭하여 '토러스' 오브젝트를 추가한 후 S 키를 누르고 마우스를 드래그하여 오브젝트의 크기를 변경합니다.

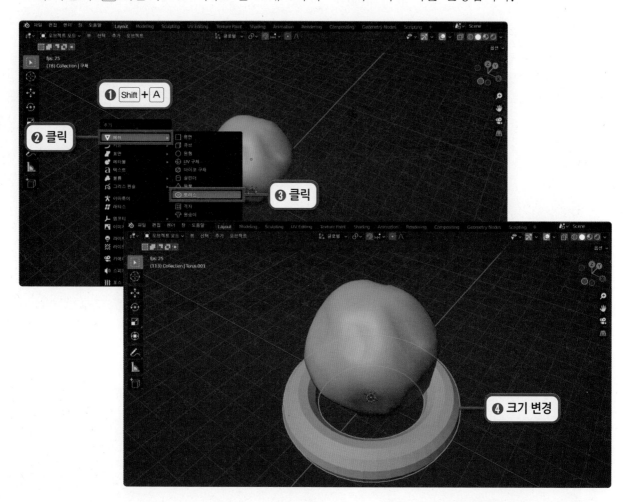

❷ 키보드 오른쪽 숫자 패드의 1 키를 눌러 화면을 '앞쪽 정사법'으로 전환한 후 '토러스' 오브젝트를 선택합니다.

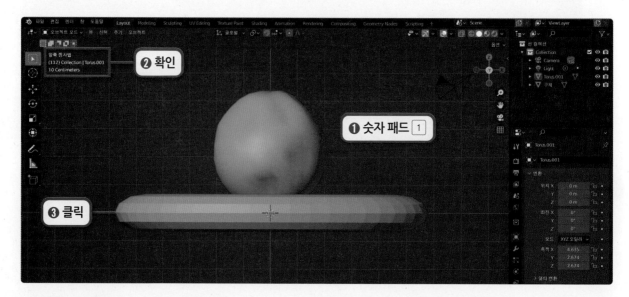

❸ G 키와 Z 키를 순서대로 누른 후 Z축(파란색)을 기준으로 오브젝트의 위치를 변경합니다.

❹ 이어서 R 키와 Y 키를 순서대로 누른 후 Y축(초록색)을 기준으로 오브젝트를 회전시킵니다.

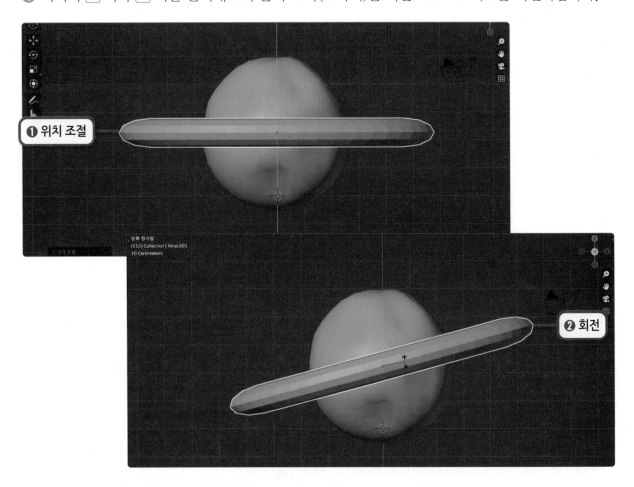

❺ [파일]-[다른 이름으로 저장]을 클릭하여 [블렌더 파일 보기] 대화상자가 나타나면 저장 위치와 파일 이름('planet')을 지정한 후 [다른 이름으로 저장]을 클릭합니다.

Tip 확장자를 '.blend'로 저장하는 이유는 채색을 하기 위한 예제 파일로 사용하기 위해서입니다.

우주 속 자연 만들기

학습내용 알아보기

- 큐브 오브젝트를 변형하여 산과 언덕을 만드는 방법을 알아봅니다.
- 강물이 흐를 웅덩이를 만드는 방법을 알아봅니다.
- 오브젝트를 불러와 자연에 나무를 심는 방법을 알아봅니다.

◆ **예제 파일** | nature.blend   ◆ **완성 파일** | nature.blend

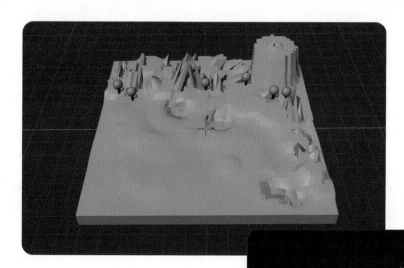

학습 목표

- 스컬프트의 스네이크 후크 브러시를 이용하여 산과 언덕을 만들 수 있습니다.
- 스컬프트의 그리기 브러시를 이용하여 웅덩이를 만들 수 있습니다.
- 스컬프트의 스무스 브러시를 이용하여 웅덩이 주변을 부드럽게 만들 수 있습니다.
- 오브젝트를 불러와 곳곳에 배치할 수 있습니다.

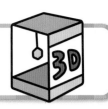

01 3D 모델링 작품 스케치하기

▶▶ 블렌더를 이용하여 모델링하기 전 3D 모델링에 사용할 오브젝트를 확인하고, 모델링할 작품을 스케치해 봅니다.

● 사용할 오브젝트 확인하기

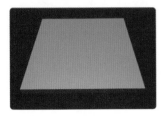

▲ nature.blend

▲ tree.obj

● 작품 스케치하기

이번 시간에는 오브젝트를 마우스로 당기거나 밀어 넣어 찰흙으로 작품을 만드는 것처럼 변경하여 우주에 존재할 것만 같은 상상 속 자연을 모델링하려고 합니다. 예제 파일을 확인하여 만들고 싶은 상상 속 자연을 스케치해 봅니다.

 Tip 예제 파일과 제시된 오브젝트만 이용하여 모델링할 수 있도록 작품을 스케치합니다.

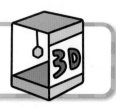

02 3D 모델링 작품 만들기

오브젝트를 마우스로 당기고 밀어 찰흙 작품을 만드는 것과 같이 오브젝트를 변경할 수 있는 스컬프트 기능을 이용하여 스케치한 내용을 바탕으로 3D 모델링 작품을 완성해 봅니다.

01 우주 속 자연에 산과 웅덩이 만들기

❶ 블렌더 프로그램을 실행한 후 [파일]-[열기]를 클릭하여 [블렌더 파일 보기] 대화상자가 나타나면 'nature.blend' 파일을 선택하고 [열기]를 클릭합니다.

❷ 뾰족한 산을 만들기 위해 왼쪽 [브러시] 창에서 [스네이크 후크(🌙)]를 클릭한 후 3D 뷰포트 창 상단에서 '반경'을 '80'px로, '강도'를 '3.000'으로 지정합니다.

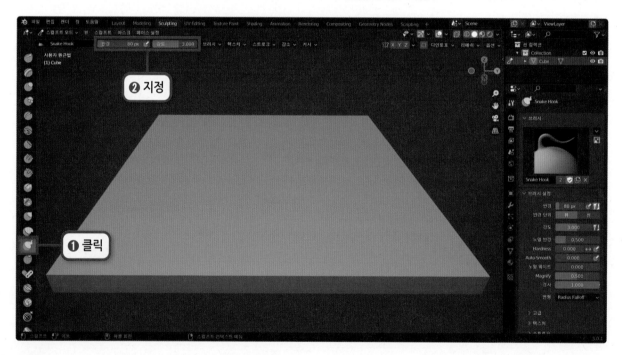

 [스네이크 후크] 브러시는 오브젝트의 당기는 방향을 원하는 대로 계속 변경할 수 있는 브러시입니다.

❸ 마우스를 클릭한 상태로 오브젝트를 위쪽으로 드래그하여 그림과 같이 기둥을 만듭니다.

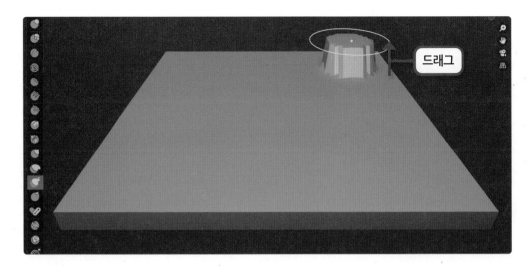

 자연 속에 위치할 우주선을 고려하여 오브젝트 가장자리에 산을 만듭니다.

❹ '반경'과 '강도' 값을 변경하고 원하는 방향으로 마우스를 드래그하여 그림과 같이 여러 모양의 산과 언덕을 만듭니다.

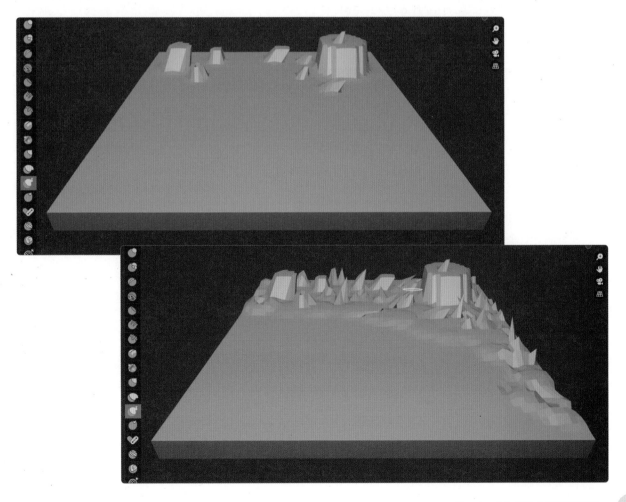

❺ 강을 만들기 위해 '반경'을 '100'px로, '강도'를 '1,000'으로 지정한 후 마우스를 클릭한 상태로 아래로 드래그하여 강물이 흐를 굴곡을 만듭니다.

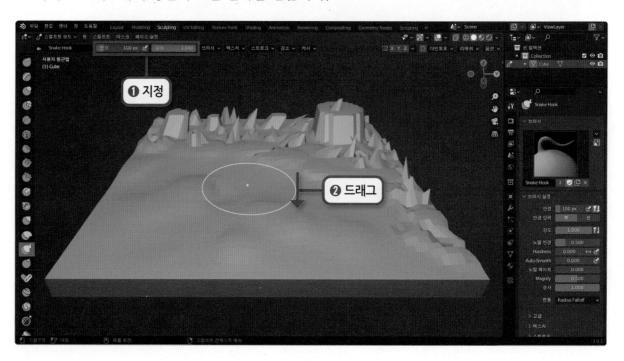

❻ 강물이 있는 웅덩이를 만들기 위해 왼쪽 [브러시] 창에서 [그리기( )]를 클릭한 후 '반경'을 '50'px로, '강도'를 '1,000'으로 지정합니다.

❼ 바닥 중간 중간을 드래그하여 웅덩이를 만듭니다.

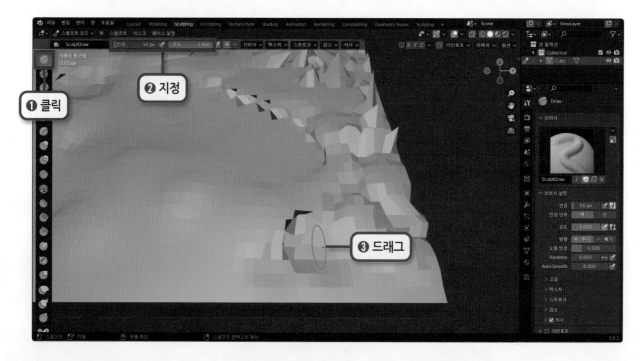

❽ 웅덩이 주변을 부드럽게 만들기 위해 왼쪽 [브러시] 창에서 [스무스()]를 클릭한 후 웅덩이 주변을 마우스로 클릭하여 부드럽게 만듭니다.

❾ 상단 메뉴의 [Layout]을 클릭하여 [오브젝트 모드]로 변경합니다.

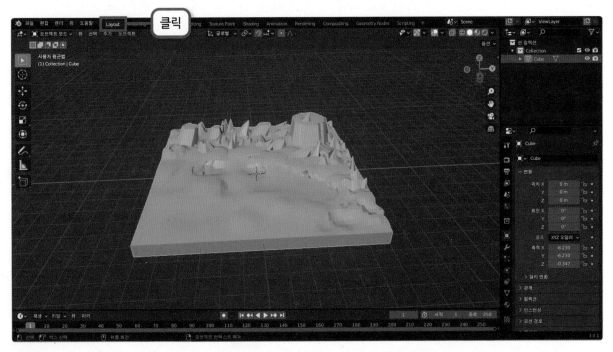

Tip [스컬프트 모드]로 다시 변경하려면 상단 메뉴의 [Sculpting]을 클릭합니다.

02 우주 속 자연에 나무 심기

❶ [파일]-[가져오기]-[Wavefront(.obj)]를 클릭하여 [블렌더 파일 보기] 대화상자가 나타나면 'tree.obj' 파일을 선택한 후 [OBJ를 가져오기]를 클릭합니다.

❷ 'tree' 오브젝트가 추가되면 Shift 키를 누른 상태로 나뭇가지와 나뭇잎을 각각 클릭한 후 마우스 오른쪽 버튼을 클릭하고 [합치기]를 클릭합니다.

Tip 오브젝트가 합쳐지지 않는다면 화면의 빈 공간을 클릭하여 선택을 해제한 후 오브젝트를 다시 선택하고 합치기 단축키인 Ctrl + J 키를 누릅니다.

❸ S 키를 이용하여 'tree' 오브젝트의 크기를 변경하고 Shift + D 키를 이용하여 'tree' 오브젝트를 복제한 후 그림과 같이 우주 속 자연에 나무를 심어 봅니다.

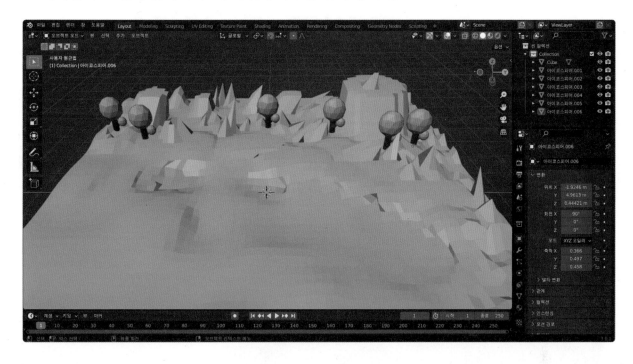

❹ [파일]-[다른 이름으로 저장]을 클릭하여 [블렌더 파일 보기] 대화상자가 나타나면 저장 위치와 파일 이름('nature')을 지정한 후 [다른 이름으로 저장]을 클릭합니다.

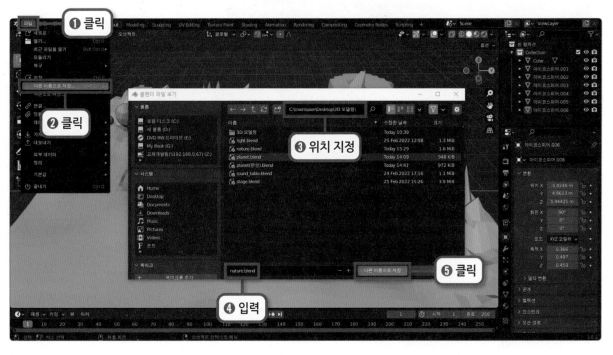

 Tip 확장자를 '.blend'로 저장하는 이유는 채색을 하기 위한 예제 파일로 사용하기 위해서입니다.

15 Chapter 행성과 자연 채색하기

학습내용 알아보기

- 행성을 다양하게 채색하는 방법을 알아봅니다.
- 자연을 다양하게 채색하는 방법을 알아봅니다.
- 채색한 오브젝트와 채색 기록을 저장하는 방법을 알아봅니다.

◆ **예제 파일** | planet.blend, nature.blend ◆ **완성 파일** | nature.obj

- 텍스처 페인트를 이용하여 행성을 채색할 수 있습니다.
- 텍스처 페인트를 이용하여 자연을 채색할 수 있습니다.
- 텍스처 페인트를 이용하여 채색 기록을 이미지 파일로 저장할 수 있습니다.

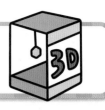

 01 # 3D 모델링 작품 스케치하기

▶▶ 블렌더를 이용하여 모델링하기 전 3D 모델링에 사용할 오브젝트를 확인하고, 모델링할 작품을 스케치해 봅니다.

● 사용할 오브젝트 확인하기

▲ planet.blend

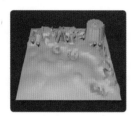

▲ nature.blend

● 작품 스케치하기

이번 시간에는 앞서 제작한 행성 오브젝트와 자연 오브젝트에 직접 그림을 그리듯 다양한 모양과 색으로 채색하여 우주 속에 존재할 것만 같은 상상 속 자연을 모델링하려고 합니다. 예제 파일을 확인하여 오브젝트를 어떻게 채색할지 스케치해 봅니다.

 Tip   예제 파일과 제시된 오브젝트만 이용하여 모델링할 수 있도록 작품을 스케치합니다.

02 3D 모델링 작품 만들기

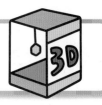

▶▶ 오브젝트에 직접 그림을 그리듯 다양한 모양과 색으로 채색할 수 있는 텍스처 페인트 기능을
이용하여 스케치한 내용을 바탕으로 3D 모델링 작품을 완성해 봅니다.

01 행성 채색하기

❶ 블렌더 프로그램을 실행한 후 [파일]-[열기]를 클릭하여 [블렌더 파일 보기] 대화상자가 나타나면
13차시에서 제작한 'planet.blend' 파일을 선택하고 [열기]를 클릭합니다.

❷ '행성' 오브젝트를 선택한 후 상단 메뉴의 [Texture Paint]를 클릭합니다.

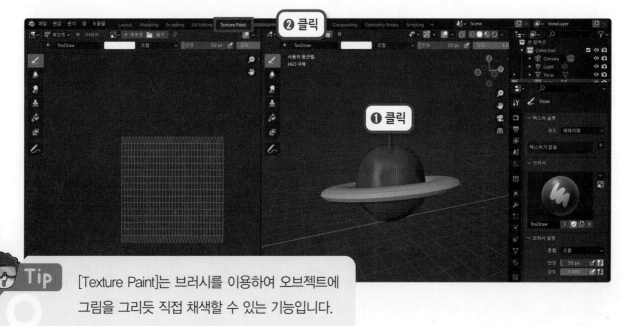

> **Tip** [Texture Paint]는 브러시를 이용하여 오브젝트에
> 그림을 그리듯 직접 채색할 수 있는 기능입니다.

❸ [프로퍼티] 창의 [활성 도구 및 작업공간을 설정(🔧)]을 클릭하여 [텍스처 페인트 슬롯을 추가 (➕)]를 클릭한 후 [베이스 컬러]를 선택합니다.

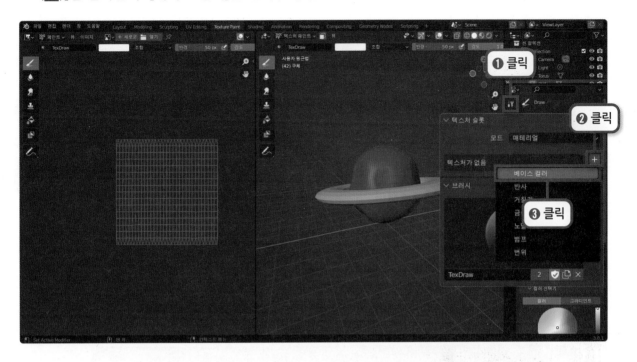

❹ [텍스처 페인트 슬롯을 추가] 창이 나타나면 이름('planetcolor')을 입력한 후 [OK]를 클릭합니다.

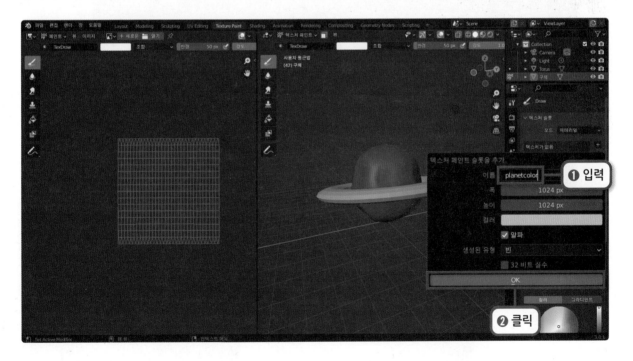

❺ 왼쪽 [페인트] 창에서 [이미지(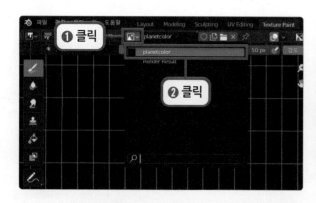)]를 클릭하여 앞서 저장한 텍스처 페인트 이름인 'planetcolor'를 선택하고 '색상'을 클릭하여 색상표에서 원하는 색을 선택합니다.

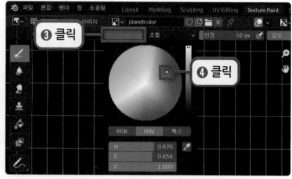

❻ 왼쪽 [페인트] 창에서 마우스를 드래그하여 채색하거나 오른쪽 [텍스처 페인트] 창에서 오브젝트를 드래그하여 직접 채색해 봅니다.

❼ 같은 방법으로 [페인트] 창의 색상표에서 색상을 지정하고 '반경'과 '강도' 값을 조절해가며 오브젝트를 다양하게 채색해 봅니다.

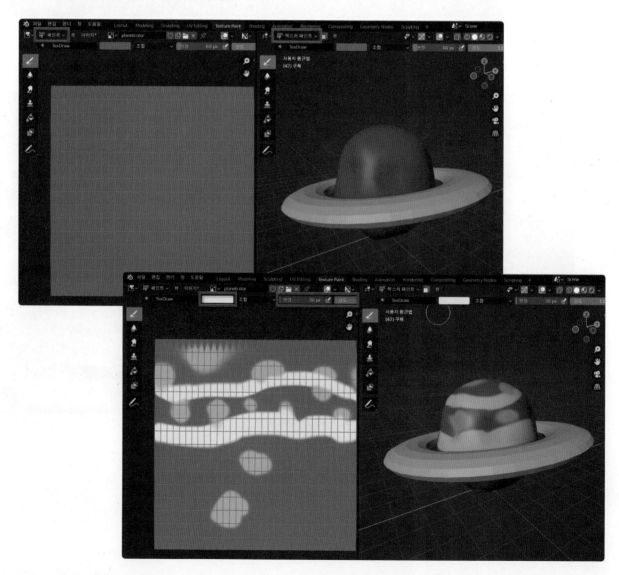

❽ 완성한 작품을 이미지 파일로 저장하기 위해 [이미지]-[다른 이름으로 저장]을 클릭하여 [블렌더 파일 보기] 대화상자가 나타나면 저장 위치를 지정한 후 파일 이름을 변경하지 않고 [다른 이미지로 저장]을 클릭합니다.

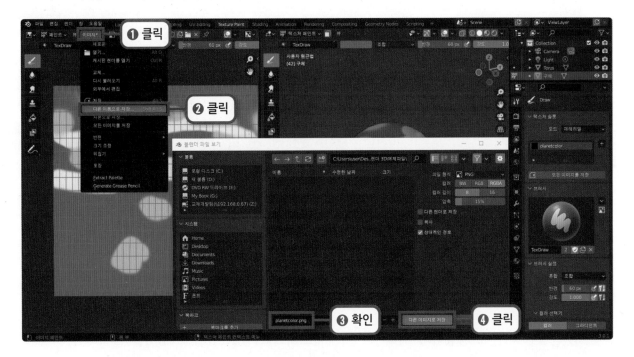

❾ 상단 메뉴의 [Layout]을 클릭하고 '행성 띠' 오브젝트를 선택합니다.

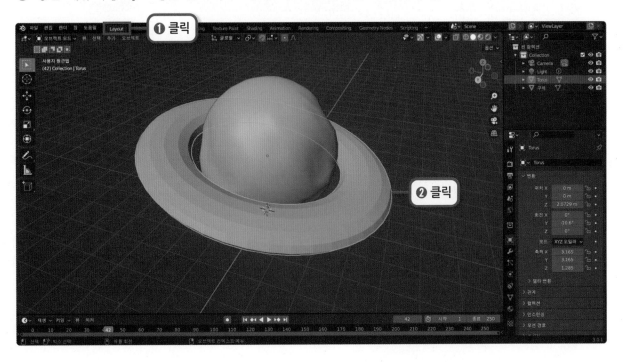

⑩ 상단 메뉴의 [Texture Paint]를 클릭한 후 ③~⑧과 같은 방법으로 [텍스처 페인트 슬롯을 추가
(🞦)]를 클릭하고 이름('planetcolor2')을 입력하여 채색한 후 이미지 파일로 저장합니다.

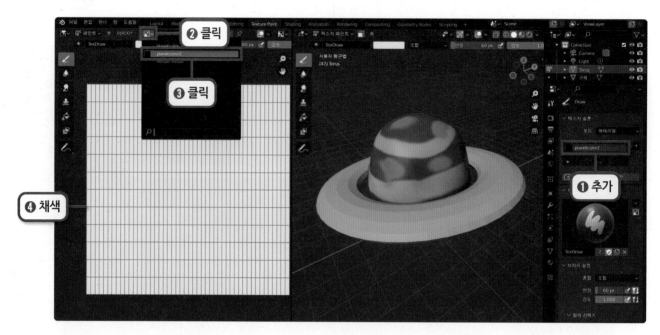

⑪ 완성한 작품을 저장하기 위해 [파일]-[내보내기]-[Wavefront(.obj)]를 클릭하여 저장 위치와
파일 이름('planet')을 지정한 후 [OBJ를 내보내기]를 클릭합니다.

⑫ 앞서 저장한 'planetcolor.png', 'planetcolor2.png' 파일과 'planet.obj', 'planet.mtl' 파일을
함께 압축합니다.

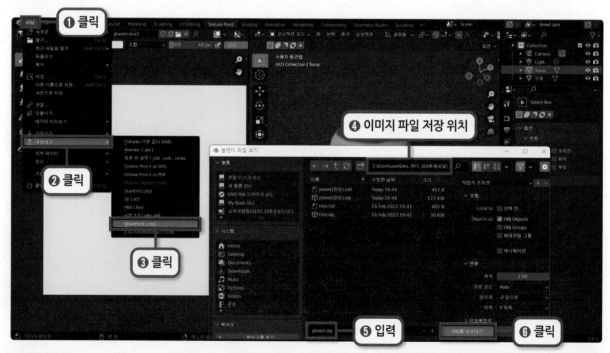

Tip   '.obj' 파일의 저장 위치는 앞서 이미지 파일을 저장한 위치에 함께 저장합니다.

① 이어서 14차시에서 저장한 'nature.blend' 파일을 불러와 오브젝트를 선택한 후 상단 메뉴의 [Texture Paint]를 클릭합니다.

② ③~⑦과 같은 방법으로 채색('naturecolor')한 후 채색이 완성되면 [이미지]를 클릭하고 [다른 이름으로 저장]을 클릭하여 저장 위치와 파일 이름을 변경하지 않고 저장합니다.

③ ⑪~⑫와 같은 방법으로 오브젝트를 'nature.obj' 파일로 저장한 후 'naturecolor.png', 'nature.obj', 'nature.mtl' 파일을 함께 압축합니다.

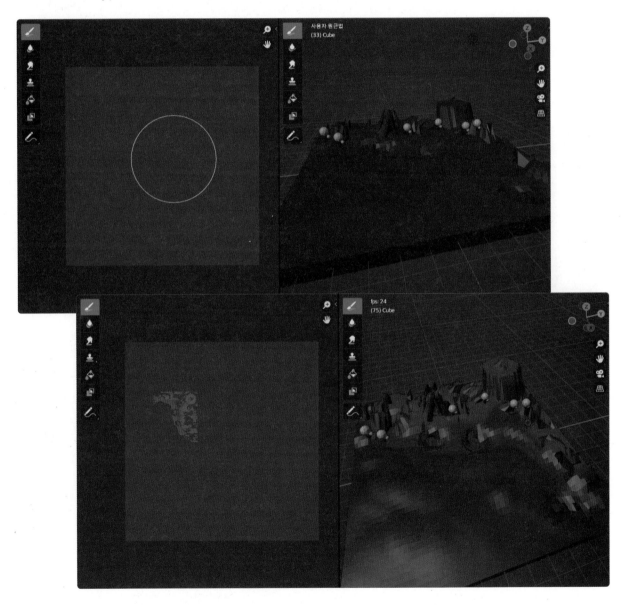

Tip 전체적인 자연의 배경색은 왼쪽 [페인트] 창에서 채색한 후 산, 웅덩이, 강물은 오른쪽 [텍스처 페인트] 창에서 따로 채색합니다.

16
Chapter

상상 속 외계인 만들기

학습내용 알아보기

- 외계인의 눈을 만드는 방법을 알아봅니다.
- 외계인의 코를 만드는 방법을 알아봅니다.
- 외계인의 머리를 만드는 방법을 알아봅니다.
- 외계인의 눈동자를 만드는 방법을 알아봅니다.

◆ 예제 파일 | character.blend   ◆ 완성 파일 | character.blend

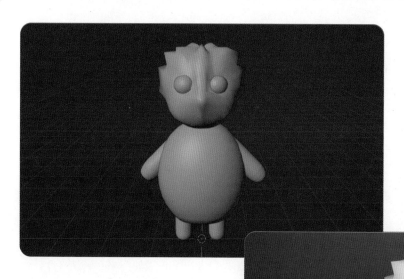

학습 목표

- 스컬프트의 엘라스틴 변형 브러시를 이용하여 외계인의 눈과 코, 머리를 만들 수 있습니다.
- 미러 기능을 이용하여 대칭되는 위치에 같은 모양을 만들 수 있습니다.
- 오브젝트를 추가하고 크기를 조절하여 외계인의 눈동자를 만들 수 있습니다.

01 3D 모델링 작품 스케치하기

▶▶ 블렌더를 이용하여 모델링하기 전 3D 모델링에 사용할 오브젝트를 확인하고, 모델링할 작품을 스케치해 봅니다.

● 사용할 오브젝트 확인하기

 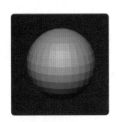

▲ character.blend　　▲ UV 구체

● 작품 스케치하기

이번 시간에는 오브젝트를 마우스로 당기거나 밀어 넣어 찰흙으로 작품을 만드는 것처럼 변경하여 상상 속 외계인의 모습을 모델링하려고 합니다. 예제 파일을 확인하여 만들고 싶은 외계인의 모습을 스케치해 봅니다.

 예제 파일과 제시된 오브젝트만 이용하여 모델링할 수 있도록 작품을 스케치합니다.

▶▶ 오브젝트를 마우스로 당기고 밀어 찰흙 작품을 만드는 것과 같이 오브젝트를 변경할 수 있는 스컬프트의 엘라스틴 변형 기능을 이용하여 스케치한 내용을 바탕으로 3D 모델링 작품을 완성해 봅니다.

01 외계인 얼굴 만들기

❶ 블렌더 프로그램을 실행한 후 [파일]-[열기]를 클릭하여 [블렌더 파일 보기] 대화상자가 나타나면 'character.blend' 파일을 선택하고 [열기]를 클릭합니다.

❷ '외계인' 오브젝트의 머리 부분('구체')을 선택한 후 상단 메뉴의 [Sculpting]을 클릭합니다.

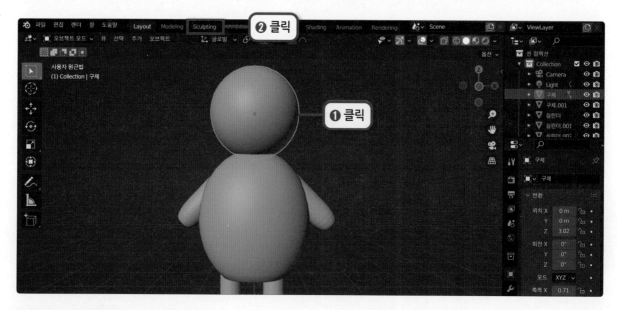

❸ 외계인의 눈을 만들기 위해 왼쪽 [브러시] 창에서 [엘라스틱 변형(⬤)]을 클릭한 후 양쪽 눈의 위치를 대칭으로 맞추기 위해 [미러]를 'X'로 선택합니다.

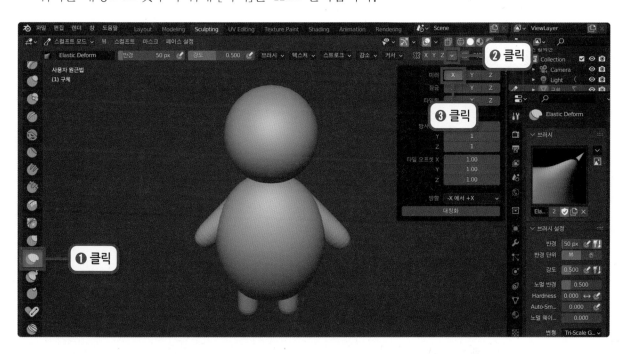

❹ '반경'을 '30'px로, '강도'를 '1.000'으로 지정한 후 외계인의 눈이 될 위치를 클릭한 상태로 안쪽으로 드래그하여 홈을 만듭니다.

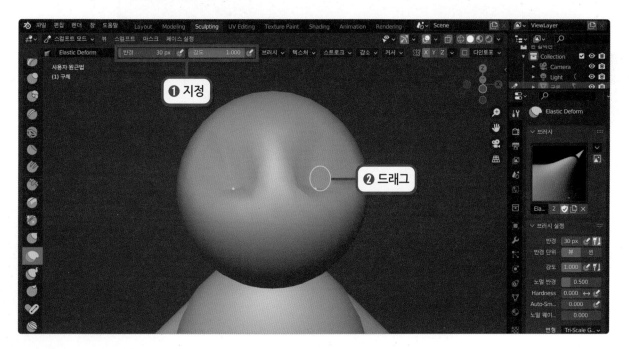

- '미러' 기능이 적용되어 한쪽에 홈을 만들면 가로로 대칭되는 위치에 같은 모양의 홈이 생깁니다.
- 홈의 크기가 눈의 크기가 되므로 만들고 싶은 외계인의 눈 크기를 고려하여 홈의 크기를 조절합니다.

❺ 외계인의 코를 만들기 위해 화면을 회전시킨 후 외계인의 코가 될 곳을 클릭한 상태로 바깥쪽으로 드래그합니다.

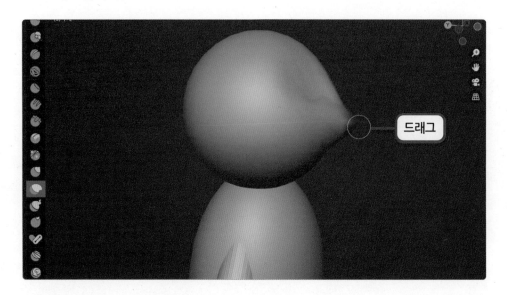

❻ 마우스를 드래그하여 외계인의 코 모양을 완성한 후 눈이 될 부분의 홈도 안쪽으로 더 넣어 줍니다.

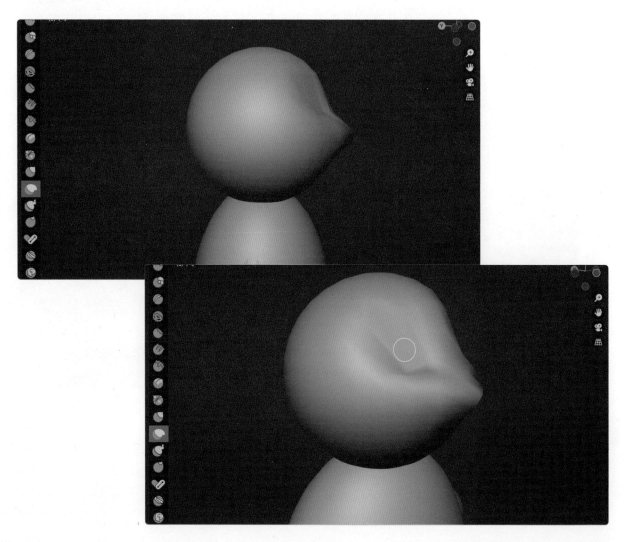

❼ '반경'과 '강도' 값을 자유롭게 변경하며 그림과 같이 외계인의 머리 모양을 만들어 봅니다.

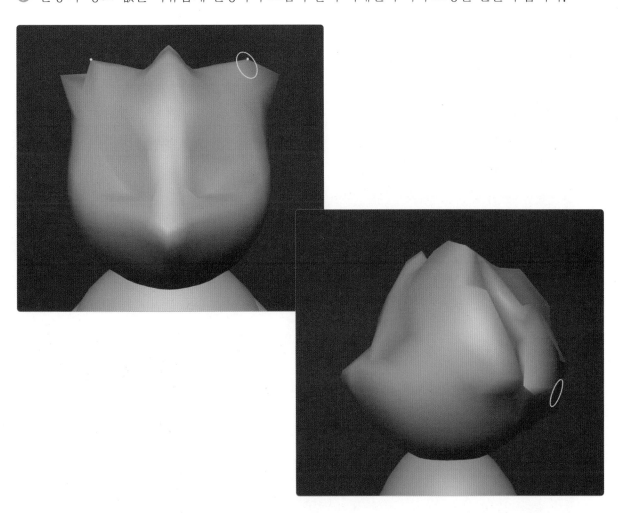

❽ 오브젝트를 추가하여 외계인의 눈동자를 만들기 위해 상단 메뉴의 [Layout]을 클릭합니다.

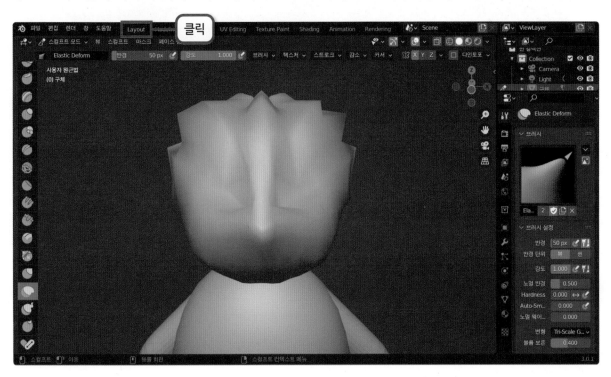

02 외계인 눈동자 만들기

❶ 외계인의 눈동자를 만들기 위해 Shift+A 키를 눌러 [추가] 팝업 창이 나타나면 [메쉬]−[UV 구체]를 클릭합니다.

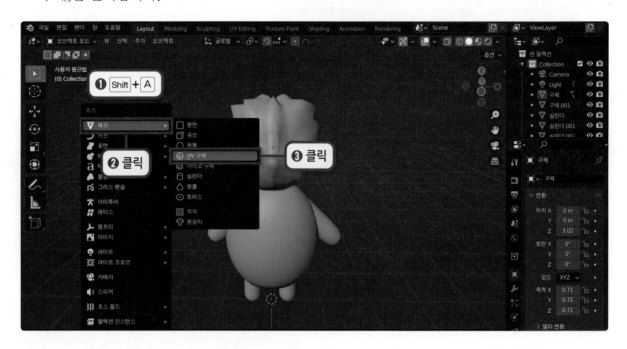

❷ 'UV 구체' 오브젝트를 회전시키기 위해 오브젝트를 선택한 후 [프로퍼티] 창의 '회전' 항목에서 'X'좌푯값을 '90'으로 입력하고 Enter 키를 누릅니다.

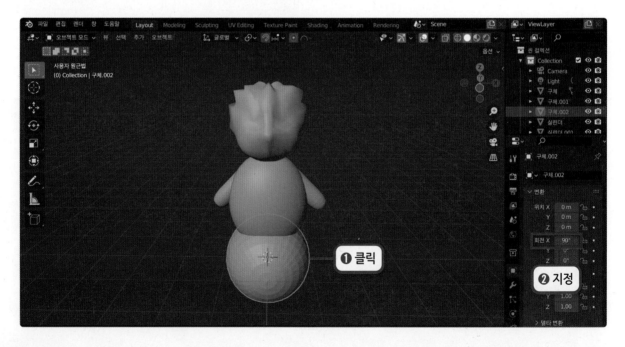

> **Tip** 'UV 구체' 오브젝트로 외계인의 눈동자를 만들 때, 눈동자를 채색하기 편하도록 오브젝트를 회전 시킵니다.

❸ ⓢ 키를 이용하여 'UV 구체' 오브젝트의 크기를 조절한 후 ⓖ 키를 이용하여 외계인의 눈 위치로 오브젝트를 이동시킵니다.

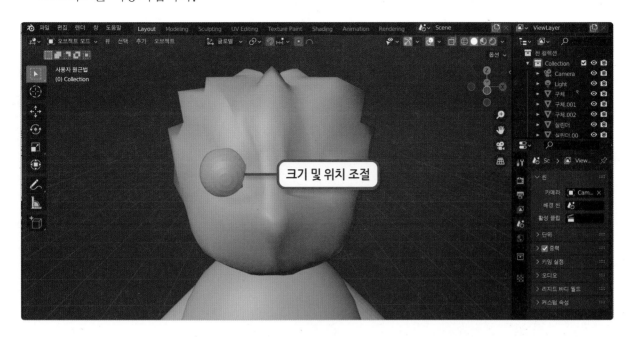

❹ Shift + ⓓ 키를 눌러 오브젝트를 복제한 후 반대쪽에도 눈동자를 만듭니다.

 Tip 눈의 모양을 다듬고 싶을 때는 외계인의 얼굴을 선택한 후 상단 메뉴의 [Sculpting]을 클릭하여 작업합니다.

❺ [파일]–[다른 이름으로 저장]을 클릭하여 [블렌더 파일 보기] 대화상자가 나타나면 저장 위치와 파일 이름('character')을 지정한 후 [다른 이름으로 저장]을 클릭하여 저장합니다.

17

Chapter

상상 속 외계인 채색하기

학습내용 알아보기

- 외계인의 눈을 다양하게 채색하는 방법을 알아봅니다.
- 외계인의 얼굴을 다양하게 채색하는 방법을 알아봅니다.
- 외계인의 몸과 옷을 다양하게 채색하는 방법을 알아봅니다.

◆ 예제 파일 | character.blend   ◆ 완성 파일 | character.obj

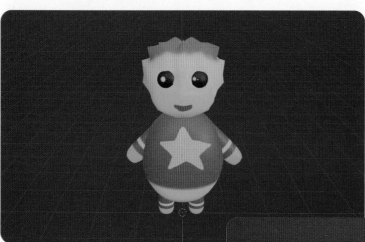

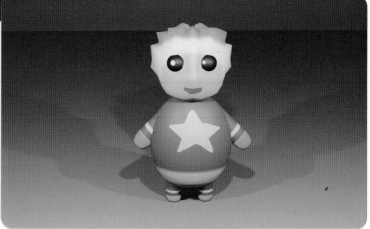

학습 목표

- 텍스처 페인트를 이용하여 외계인을 채색할 수 있습니다.
- 텍스처 페인트의 스포이트를 이용하여 색을 추출할 수 있습니다.
- 텍스처 페인트를 이용하여 채색 기록을 이미지 파일로 저장할 수 있습니다.

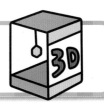

01 3D 모델링 작품 스케치하기

블렌더를 이용하여 모델링하기 전 3D 모델링에 사용할 오브젝트를 확인하고, 모델링할 작품을 스케치해 봅니다.

● **사용할 오브젝트 확인하기**

▲ character.blend

● **작품 스케치하기**

이번 시간에는 앞서 제작한 외계인 오브젝트에 직접 그림을 그리듯 다양한 모양과 색으로 채색하여 우주 속에 존재할 것만 같은 상상 속 외계인을 모델링하려고 합니다. 예제 파일을 확인하여 오브젝트를 어떻게 채색할지 스케치해 봅니다.

 예제 파일과 제시된 오브젝트만 이용하여 모델링할 수 있도록 작품을 스케치합니다.

3D 모델링 작품 만들기

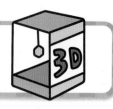

오브젝트에 직접 그림을 그리듯 다양한 모양과 색으로 채색할 수 있는 텍스처 페인트 기능을 이용하여 스케치한 내용을 바탕으로 3D 모델링 작품을 완성해 봅니다.

01 외계인 채색하기

❶ 블렌더 프로그램을 실행한 후 [파일]-[열기]를 클릭하여 [블렌더 파일 보기] 대화상자가 나타나면 16차시에서 제작한 'character.blend' 파일을 선택하고 [열기]를 클릭합니다.

❷ 외계인 '눈동자'를 선택한 후 상단 메뉴의 [Texture Paint]를 클릭합니다.

❸ [프로퍼티] 창의 [활성 도구 및 작업공간을 설정(🔧)]을 클릭하여 [텍스처 페인트 슬롯을 추가 (➕)]를 클릭한 후 [베이스 컬러]를 선택합니다. 이어서 [텍스처 페인트 슬롯을 추가] 창이 나타 나면 이름('eyecolor')을 입력한 후 [OK]를 클릭합니다.

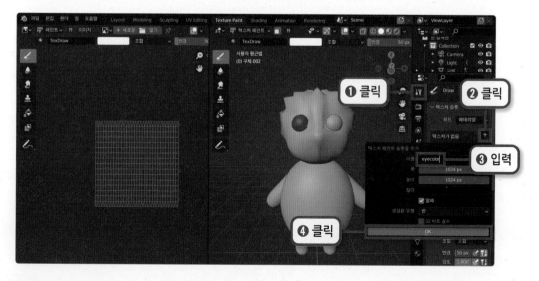

❹ 왼쪽 [페인트] 창에서 [이미지()]를 클릭하여 앞서 저장한 텍스처 페인트 이름('eyecolor')을 선택하고 색상표를 이용하여 그림과 같이 눈동자를 채색합니다.

❺ [이미지]-[다른 이름으로 저장]을 클릭하여 채색한 '눈동자'를 이미지 파일('eyecolor.png')로 저장합니다.

❻ 상단 메뉴의 [Layout]을 클릭하여 반대쪽 '눈동자'를 선택하고 ❷~❺와 같은 방법으로 채색한 후 이미지 파일('eyecolor2.png')을 저장합니다.

Tip 반대쪽 눈동자는 'eyecolor2'로 설정한 후 작업하며, 이미지 파일의 이름도 'eyecolor2.png'로 저장합니다.

❼ 다시 상단 메뉴의 [Layout]을 클릭하여 외계인의 '얼굴'을 선택한 후 [Texture Paint]를 클릭합니다.

⑧ ③∼⑤와 같은 방법으로 외계인의 '얼굴'을 채색한 후 이미지 파일('facecolor.png')을 저장합니다.

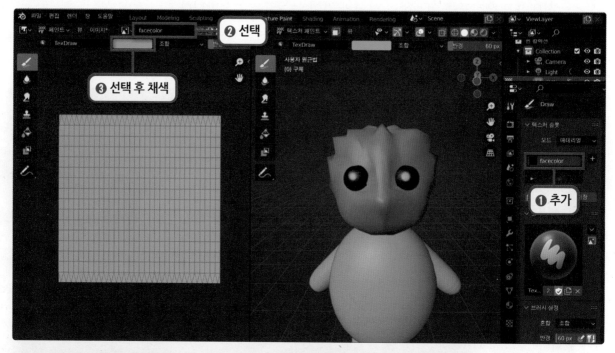

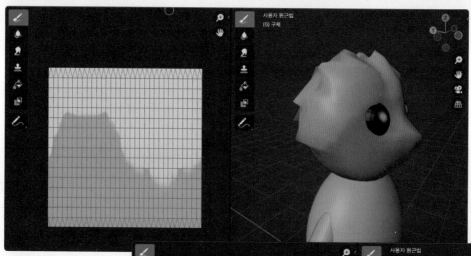

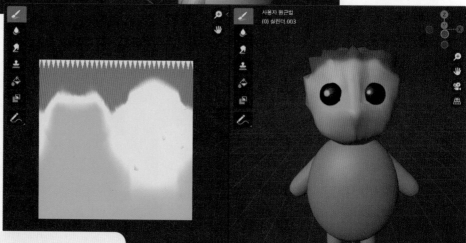

Tip 채색 시 '반경'과 '강도' 값을
조절해가며 채색합니다.

❾ 다시 상단 메뉴의 [Layout]을 클릭하여 외계인의 '몸'을 선택한 후 [Texture Paint]를 클릭합니다.

❿ ❸과 같은 방법으로 텍스처 페인트 슬롯을 추가('bodycolor')하고 왼쪽 [페인트] 창에서 [이미지 (▣)]를 클릭하여 앞서 추가한 텍스처 페인트 이름('bodycolor')을 선택한 후 색상표에서 '스포이트(✎)'를 클릭합니다.

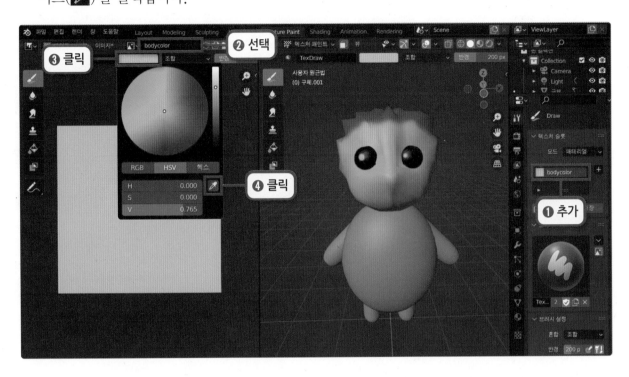

⓫ 스포이트로 외계인의 '얼굴'을 클릭하여 색을 선택한 후 외계인의 '몸'을 채색합니다.

⑫ 원하는 색을 선택하여 그림과 같이 외계인 '몸'에 옷을 입히고 무늬를 그린 후 [이미지]-[다른 이름으로 저장]을 클릭하여 채색한 '몸'을 이미지 파일('bodycolor.png')로 저장합니다.

⑬ 이어서 앞서 배운 내용을 바탕으로 외계인의 '팔'과 '다리'를 채색한 후 이미지 파일로 저장합니다.

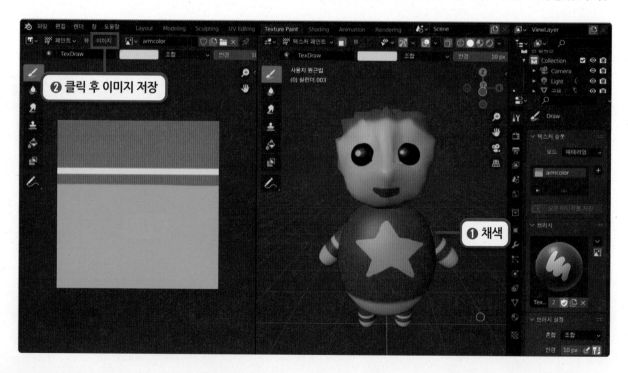

 외계인의 '팔'과 '다리'를 각각 채색한 후 이미지 파일을 4개로 저장합니다(예 'armcolor1', 'armcolor2', 'legcolor1', 'legcolor2').

⑭ 완성한 외계인을 저장하기 위해 [파일]−[내보내기]−[Wavefront(.obj)]를 클릭하여 저장 위치와 파일 이름('character')을 지정한 후 [OBJ를 내보내기]를 클릭합니다.

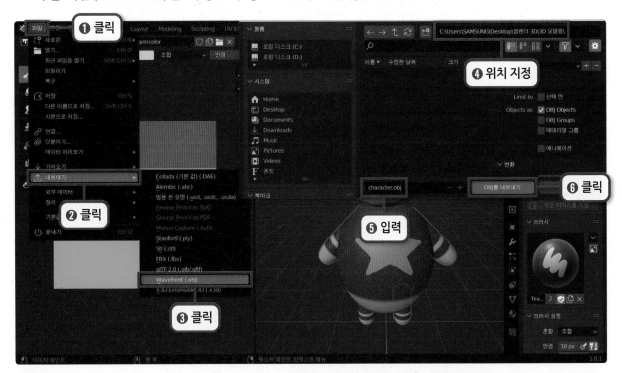

 '.obj' 파일은 앞서 이미지 파일을 저장한 위치에 함께 저장합니다.

⑮ 앞서 저장했던 이미지 파일들과 'character.obj', 'character.mtl' 파일을 함께 압축합니다.

18
Chapter

우주선 주변 환경 꾸미기

학습내용 알아보기

- 오브젝트를 불러와 우주선 주변 환경을 꾸미는 방법을 알아봅니다.
- 행성이 우주를 회전하도록 하는 방법을 알아봅니다.
- 외계인에게 다가가면 외계인이 말하도록 하는 방법을 알아봅니다.

◆ **예제 파일** | https://edu.cospaces.io/WWM-CEP   ◆ **완성 파일** | https://edu.cospaces.io/EVK-NSK

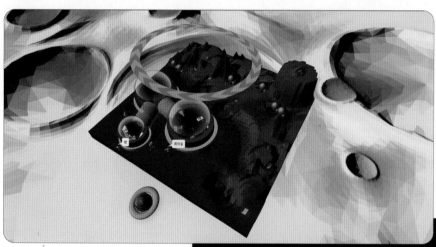

학습 목표

- 3D모델의 업로드를 이용하여 블렌더로 완성한 3D 오브젝트를 불러올 수 있습니다.
- 잠금 기능을 이용하여 오브젝트를 잠글 수 있습니다.
- 행성이 지정된 경로를 따라 이동하도록 코딩할 수 있습니다.
- 외계인과의 거리가 가까워지면 외계인이 말을 하도록 코딩할 수 있습니다.

01 # 가상현실(VR) 작품 스케치하기

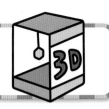

▶▶ 코스페이시스를 이용하여 작품을 만들기 전 완성한 3D 모델링 오브젝트를 어디에 배치하고 꾸밀지 생각하여 작품을 스케치해 봅니다.

● 사용할 오브젝트 확인하기

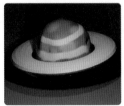

▲ planet

▲ nature

▲ character

● 작품 스케치하기

이번 시간에는 앞서 만든 3D 모델링 오브젝트를 코스페이시스로 불러와 적절한 장소에 배치하고 잠금 기능 및 코블록스를 이용하여 행성이 우주를 회전하고 외계인이 말을 하도록 코딩하려고 합니다. 예제 파일을 확인하여 어떤 작품을 완성할지 스케치해 봅니다.

 Tip 예제 파일과 사용할 오브젝트를 확인하고 오브젝트를 어느 곳에 어떻게 배치하면 좋을지 생각하여 스케치합니다.

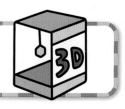

02 가상현실(VR) 작품 만들기

▶▶ 코스페이시스를 실행하고 앞서 완성한 3D 모델링 오브젝트를 불러와 적절한 곳에 배치한 후 코스페이시스의 잠금 기능 및 코블록스를 이용하여 우주선 주변 환경을 꾸며 봅니다.

01 3D 모델링 오브젝트 불러오기

❶ 크롬(💿)을 실행하고 코스페이시스 에듀(https://cospaces.io/edu/) 사이트에 접속하여 로그인한 후 주소창에 예제 파일 주소를 입력하여 [리믹스]하거나 [내 학급]–[18강 예제]에 접속합니다.

❷ [업로드]–[3D모델]–[업로드]를 클릭하여 압축해 놓은 'character.zip', 'nature.zip', 'planet. zip' 파일을 업로드합니다.

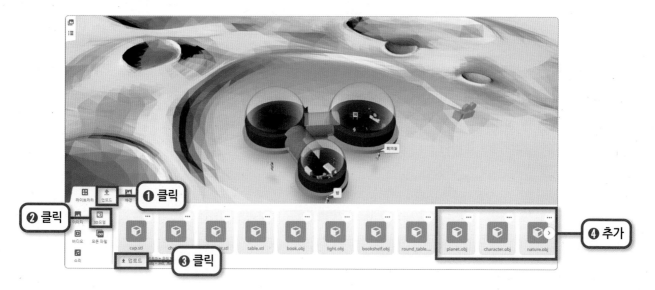

❸ 'nature.obj' 오브젝트를 장면으로 드래그하여 추가한 후 그림과 같이 크기와 위치를 조절하여 배경을 만듭니다.

④ 추가된 'nature.obj' 오브젝트가 선택되지 않도록 하기 위해 오브젝트를 마우스 오른쪽 버튼으로 클릭하여 [속성] 창이 나타나면 [잠금]을 클릭합니다.

⑤ 배경에 가려진 오브젝트들을 위쪽으로 이동시키기 위해 Ctrl+A 키를 누르고 [드래그해서 올리기(⬍)]를 클릭한 상태로 위쪽으로 드래그합니다. 이어서 오브젝트를 붙이기 위해 상단 메뉴의 [자석 기능]-[아이템에 붙이기]를 활성화합니다.

02

행성 코딩하기

❶ [업로드]-[3D모델]을 클릭한 후 앞서 업로드한 'planet.obj' 오브젝트를 장면으로 드래그하여 추가합니다.

❷ 'planet.obj' 오브젝트를 마우스 오른쪽 버튼으로 클릭하여 오브젝트 이름을 '행성'으로 변경하고 [코드]-[코블록스에서 사용]을 클릭하여 활성화합니다.

'코블록스'는 선택한 오브젝트를 움직이게 만들거나 반응하게 만들도록 프로그래밍해주는 기능입니다.

❸ [라이브러리]-[특수]-[Round path]를 장면으로 드래그하여 추가한 후 [드래그해서 크기 바꾸기 (▣)]를 클릭한 상태로 위쪽으로 드래그하여 오브젝트의 크기를 변경합니다.

❹ 이어서 [드래그해서 올리기(↕)]를 클릭한 상태로 위쪽으로 드래그하여 오브젝트의 높이를 조절한 후 그림과 같이 위치를 조절합니다.

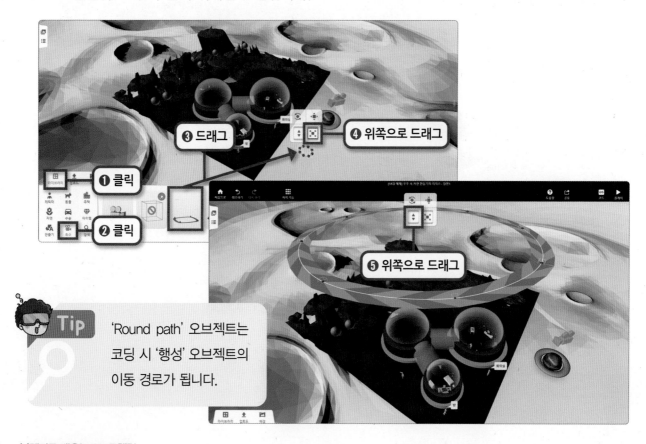

'Round path' 오브젝트는 코딩 시 '행성' 오브젝트의 이동 경로가 됩니다.

❺ '행성' 오브젝트가 우주를 회전하도록 코딩하기 위해 오른쪽 상단 메뉴의 [코드]–[코블록스]를 클릭합니다.

❻ '행성'이 계속해서 'Round path' 오브젝트의 경로를 따라 이동하도록 하기 위해 [제어], [동작] 카테고리에서 블록을 드래그하여 연결한 후 그림과 같이 옵션 값을 변경하고 [닫기(✖)]를 클릭하여 [코블록스] 창을 닫습니다.

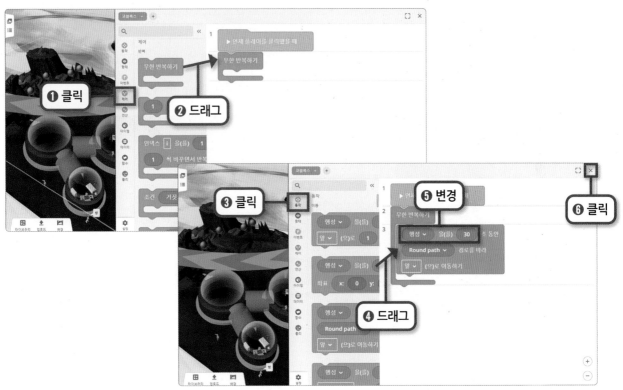

Tip '30'초는 '행성' 오브젝트가 'Round path' 오브젝트를 한 번 이동하는 데 걸리는 시간입니다. '행성'이 더욱 빠르게 회전하는 모습을 표현하고 싶다면 숫자를 더 작게 입력하고, 더욱 느리게 회전하는 모습을 표현하고 싶다면 숫자를 더 크게 입력합니다.

03

외계인 코딩하기

❶ [업로드]–[3D모델]을 클릭하여 앞서 업로드한 'character.obj' 오브젝트를 드래그하여 장면에
추가한 후 [속성] 창에서 이름을 '외계인'으로 변경하고 [코드]–[코블록스에서 사용]을 활성화합
니다.

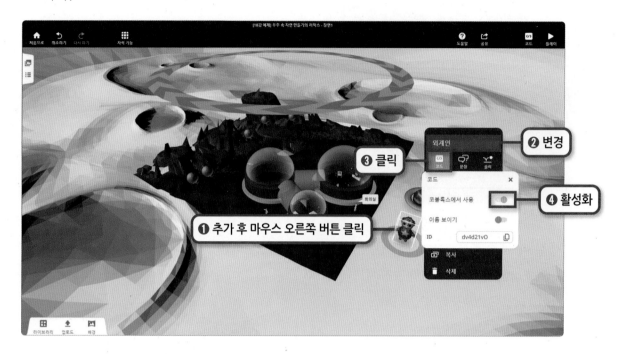

❷ '외계인' 오브젝트에 다가가면 '외계인'이 말하도록 코딩하기 위해 오른쪽 상단 메뉴의 [코드]–
[코블록스 추가(+)]–[코블록스]를 클릭하여 [코블록스] 창을 추가합니다.

❸ 작품을 실행했을 때 '외계인'과 '나(Camera)'의 거리가 '5'보다 작아지면 '외계인'이 '2'초 동안 "안녕! 우리 행성에 온 걸 환영해!"를 말하도록 하기 위해 [제어], [동작], [형태] 카테고리에서 블록을 드래그하여 그림과 같이 코딩합니다.

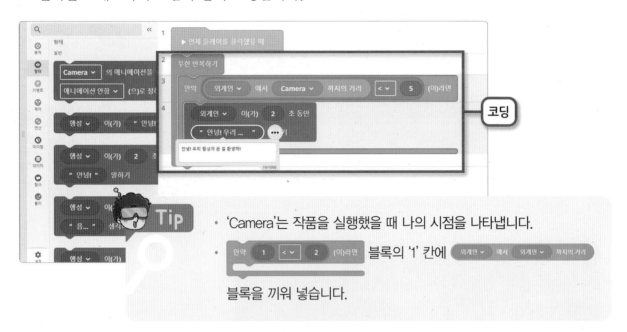

· 'Camera'는 작품을 실행했을 때 나의 시점을 나타냅니다.
· 만약 `1` `<` `2` (이)라면 블록의 '1' 칸에 `외계인` 에서 `외계인` 까지의 거리 블록을 끼워 넣습니다.

❹ [닫기(☒)]를 클릭하여 [코블록스] 창을 닫은 후 '외계인' 오브젝트의 위치를 'nature.obj' 오브젝트 위로 이동시키고 오른쪽 상단 메뉴의 [플레이]를 클릭하여 직접 디자인한 우주선 주변 환경을 감상해 봅니다.

블렌더 3D

19 Chapter

인공위성 만들기

학습내용 알아보기

• 실린더 오브젝트로 인공위성 본체를 만드는 방법을 알아봅니다.
• 큐브 오브젝트로 인공위성 날개를 만드는 방법을 알아봅니다.
• 인공위성을 채색하는 방법을 알아봅니다.

◆ 예제 파일 | 없음 ◆ 완성 파일 | satellite.obj

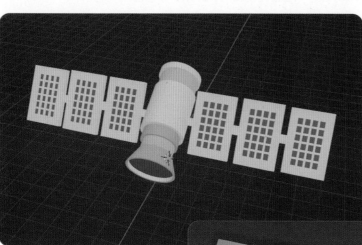

학습 목표

• 페이스 돌출을 이용하여 오브젝트의 모양을 변경할 수 있습니다.
• 루프 잘라내기를 이용하여 페이스를 나눌 수 있습니다.
• 매트리얼 프로퍼티스를 이용하여 오브젝트와 페이스를 채색할 수 있습니다.

01 # 3D 모델링 작품 스케치하기

▶▶ 블렌더를 이용하여 모델링하기 전 3D 모델링에 사용할 오브젝트를 확인하고, 모델링할 작품을
스케치해 봅니다.

● 사용할 오브젝트 확인하기

▲ 실린더　　　　▲ 큐브

● 작품 스케치하기

이번 시간에는 앞서 배운 블렌더의 다양한 기능을 활용하여 우주에 떠 있는 인공위성을 모델링하려고 합니다.
실린더 오브젝트와 큐브 오브젝트를 이용하여 만들고 싶은 인공위성을 스케치해 봅니다.

 Tip 사용할 오브젝트를 확인하고 해당 오브젝트만 이용하여 모델링할 수 있도록 작품을 스케치합니다.

02 3D 모델링 작품 만들기

▶▶ 앞서 배운 다양한 기능을 활용하여 스케치한 내용을 바탕으로 3D 모델링 작품을 완성해 봅니다.

01 인공위성 본체 만들기

❶ 블렌더 프로그램을 실행하여 '큐브' 오브젝트를 선택한 후 Delete 키를 눌러 삭제하고 Shift + A 키를 눌러 [추가] 팝업 창이 나타나면 [메쉬]−[실린더]를 클릭합니다.

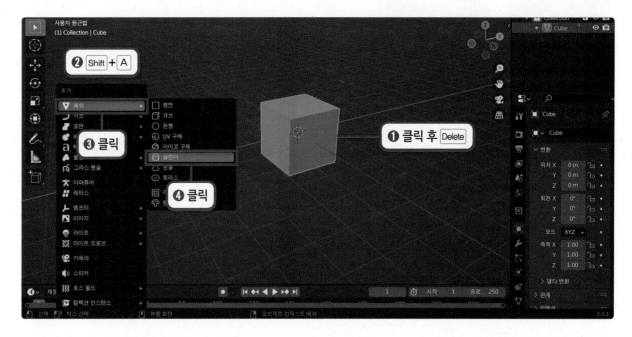

❷ '실린더' 오브젝트를 선택한 후 [모드]를 [에디트 모드]로 변경하고 [페이스(■)]를 클릭합니다.

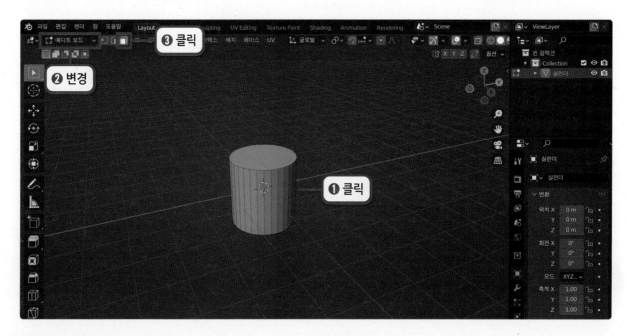

❸ 이어서 다음 내용을 참고하여 인공위성의 본체를 완성해 봅니다.

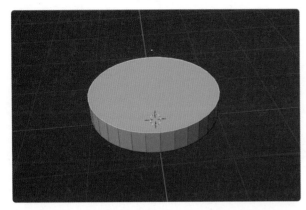

▲ '실린더' 오브젝트의 위쪽 페이스(면)를 선택한 후 G 키와 Z 키를 누르고 드래그하여 오브젝트의 높이를 조절합니다.

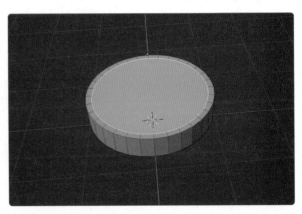

▲ E 키를 눌러 페이스를 추가한 후 S 키를 누르고 드래그하여 크기를 조절합니다.

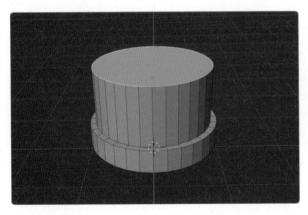

▲ E 키를 눌러 페이스를 추가한 후 드래그하여 높이를 조절합니다.

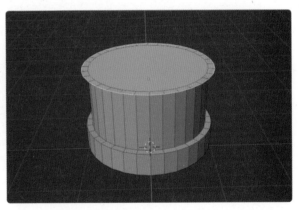

▲ E 키를 눌러 페이스를 추가한 후 S 키를 누르고 드래그하여 크기를 조절합니다.

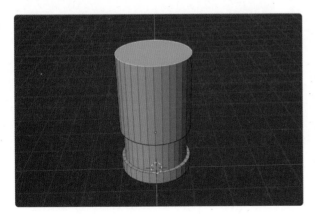

▲ E 키를 눌러 페이스를 추가한 후 드래그하여 높이를 조절합니다.

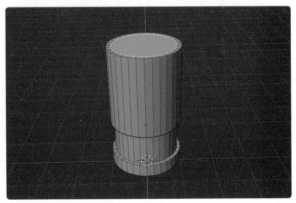

▲ E 키를 눌러 페이스를 추가한 후 S 키를 누르고 드래그하여 크기를 조절합니다.

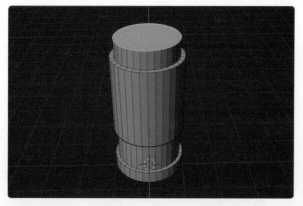

▲ E 키를 눌러 페이스를 추가한 후 드래그하여 높이를 조절합니다.

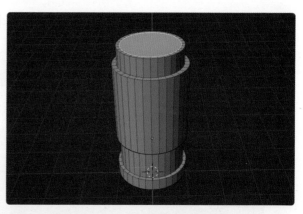

▲ E 키를 눌러 페이스를 추가한 후 S 키를 누르고 드래그하여 크기를 조절합니다.

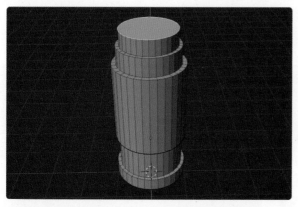

▲ E 키를 눌러 페이스를 추가한 후 드래그하여 높이를 조절합니다.

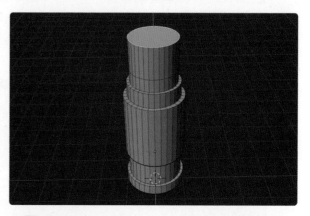

▲ E 키를 눌러 페이스를 추가한 후 드래그하여 높이를 조절합니다.

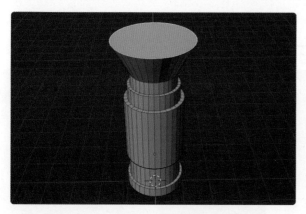

▲ S 키를 누르고 드래그하여 위쪽 페이스의 크기를 조절합니다.

▲ I 키를 눌러 개별(I): (ON)으로 변경하고 마우스를 드래그하여 크기를 조절한 후 E 키를 눌러 페이스를 추가하고 아래쪽으로 드래그하여 높이를 조절합니다.

Tip 페이스 추가하기(페이스 돌출)와 폭, 높이 조절이 잘 되지 않을 경우 E 키를 누르고 마우스를 클릭한 후 폭 및 높이 조절 단축키를 누르고 마우스를 드래그합니다.

02 인공위성 날개 만들기

❶ [모드]를 [오브젝트 모드]로 변경하고 Shift+A 키를 눌러 [추가] 팝업 창이 나타나면 [메쉬]-
[큐브]를 클릭합니다.

❷ 이어서 '큐브' 오브젝트를 인공위성 본체 옆으로 이동시킨 후 다음 내용을 참고하여 인공위성의
날개를 완성해 봅니다.

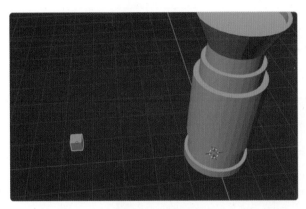

▲ S 키를 누르고 드래그하여 오브젝트의 크기를 조절한
후 [모드]를 [에디트 모드]로 변경합니다.

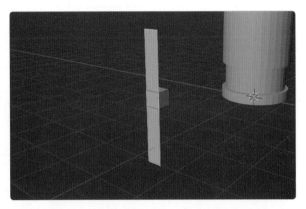

▲ 왼쪽 페이스(면)를 선택한 후 E 키를 눌러 페이스를
추가하고 S 키와 Z 키를 누르고 드래그하여 높이를
조절합니다.

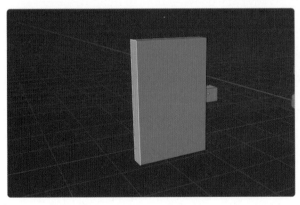

▲ E 키를 눌러 페이스를 추가한 후 G 키와 X 키를 누
르고 드래그하여 너비를 조절합니다.

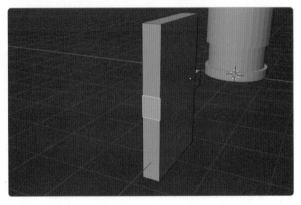

▲ E 키를 눌러 페이스를 추가한 후 S 키와 Z 키를 누
르고 드래그하여 높이를 조절합니다.

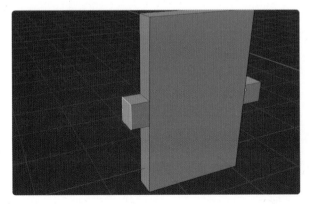

▲ E 키를 눌러 페이스를 추가한 후 G 키와 X 키를 누
르고 드래그하여 너비를 조절합니다.

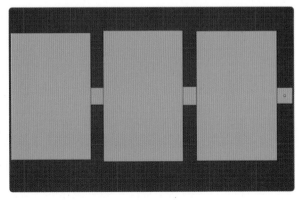

▲ 같은 방법으로 그림과 같이 인공위성 날개를 2개 더 만
듭니다.

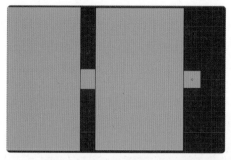

▲ Ctrl+R 키를 누르고 맨 오른쪽 날개 가로 선에 마우스 포인터를 가져다 댄 후 휠을 위로 밀어 5개의 루프를 만듭니다.

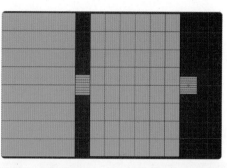

▲ Ctrl+R 키를 누르고 맨 오른쪽 날개 세로 선에 마우스 포인터를 가져다 댄 후 휠을 위로 밀어 6개의 루프를 만듭니다.

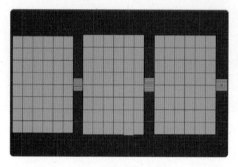

▲ 나머지 날개도 Ctrl+R 키를 누르고 날개 가로 선에 마우스 포인터를 가져다 댄 후 휠을 위로 밀어 5개의 루프를 만듭니다.

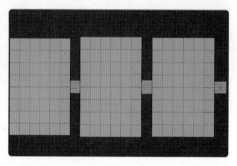

▲ Shift 키를 누른 상태로 드래그하여 그림과 같이 안쪽 페이스를 선택합니다.

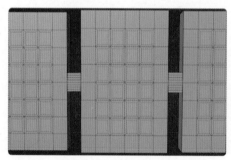

▲ I 키를 눌러 개별(I): (ON)으로 변경한 후 드래그하여 페이스의 크기를 줄입니다.

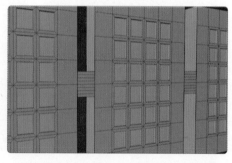

▲ E 키를 눌러 페이스를 추가한 후 안쪽으로 드래그하여 페이스의 깊이를 조절합니다.

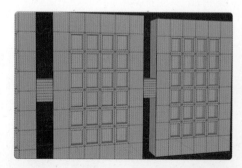

▲ Ctrl+1 키를 눌러 화면을 '뒤쪽 정사법'으로 전환한 후 앞서 배운 내용을 참고하여 인공위성 날개 뒤쪽 칸도 만듭니다.

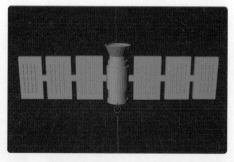

▲ [모드]를 [오브젝트 모드]로 변경하고 인공위성 날개를 복제한 후 회전시켜 그림과 같이 위치시킵니다.

03 인공위성 채색하기

❶ 3D 뷰포트 창 오른쪽 상단의 [매테리얼 미리보기(🔵)]를 클릭한 후 [프로퍼티] 창의 [매트리얼
프로퍼티스(🔴)]를 이용하여 다음 내용을 바탕으로 인공위성을 채색해 봅니다.

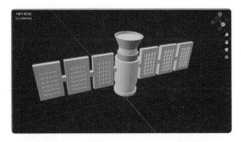

▲ 인공위성 본체와 날개 오브젝트를 각각
선택한 후 [매트리얼 프로퍼티스(🔴)]를
이용하여 채색합니다(채색 방법 : 7차시
참고).

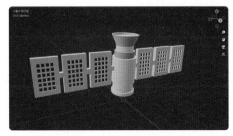

▲ [오브젝트 모드]에서 인공위성 날개를 선
택하고 [에디트 모드]에서 [매트리얼 프로
퍼티스(🔴)]를 이용하여 각 페이스를 채
색합니다(채색 방법 : 9차시 참고).

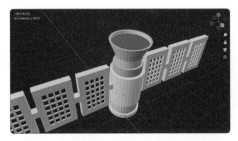

▲ [오브젝트 모드]에서 인공위성 본체를 선
택한 후 [에디트 모드]에서 [매트리얼 프
로퍼티스(🔴)]를 이용하여 각 페이스를
채색합니다(채색 방법 : 9차시 참고).

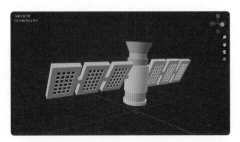

▲ [오브젝트 모드]에서 인공위성 날개를 선택
한 후 R 키와 X 키를 누르고 드래그하여
그림과 같이 회전시킵니다.

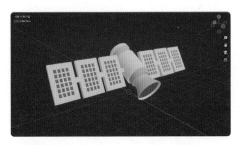

▲ 마우스를 드래그하여 인공위성 본체와 날
개를 모두 선택한 후 R 키와 X 키를 누르
고 드래그하여 그림과 같이 회전시킵니다.

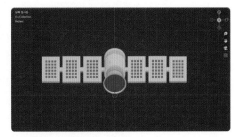

▲ 키보드 오른쪽 숫자 패드의 1 키를 눌러
화면을 '앞쪽 정사법'으로 전환한 후 인공
위성을 X축(빨간색) 위쪽으로 이동시킵니다.

Tip '앞쪽 정사법'에서 보이는 X축(빨간색)은 바닥과 같은 위치입니다. 코스페이시스에서 작품을 불러
왔을 때 오브젝트가 바닥으로 들어가지 않도록 하기 위해 위치를 이동시킵니다.

❷ 완성한 작품은 [파일]-[내보내기]-[Wavefront(.obj)]를 클릭하여 저장 위치와 파일 이름
('satellite')을 지정한 후 저장하고 'satellite.obj' 파일과 'satellite.mtl' 파일을 함께 압축합니다.

20 Chapter

탐사 자동차 만들기

학습내용 알아보기

- 실린더 오브젝트로 탐사 자동차 바퀴를 만드는 방법을 알아봅니다.
- 큐브 오브젝트로 탐사 자동차 몸체를 만드는 방법을 알아봅니다.
- 탐사 자동차를 채색하는 방법을 알아봅니다.

◆ **예제 파일** | 없음 ◆ **완성 파일** | car.obj

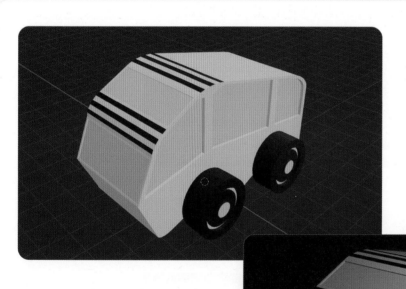

학습 목표

- 페이스 돌출을 이용하여 오브젝트의 모양을 변경할 수 있습니다.
- 루프 잘라내기를 이용하여 페이스를 나눌 수 있습니다.
- 베벨을 이용하여 각진 면을 부드럽게 만들 수 있습니다.
- 매트리얼 프로퍼티스를 이용하여 오브젝트와 페이스를 채색할 수 있습니다.

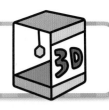

01 3D 모델링 작품 스케치하기

▶▶ 블렌더를 이용하여 모델링하기 전 3D 모델링에 사용할 오브젝트를 확인하고, 모델링할 작품을 스케치해 봅니다.

● 사용할 오브젝트 확인하기

▲ 실린더

▲ 큐브

● 작품 스케치하기

이번 시간에는 앞서 배운 블렌더의 다양한 기능을 활용하여 우주를 탐사하는 우주 탐사 자동차를 모델링하려고 합니다. 실린더 오브젝트와 큐브 오브젝트를 이용하여 만들고 싶은 우주 탐사 자동차를 스케치해 봅니다.

Tip   사용할 오브젝트를 확인하고 해당 오브젝트만 이용하여 모델링할 수 있도록 작품을 스케치합니다.

02 ## 3D 모델링 작품 만들기

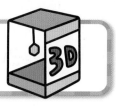

▶▶ 앞서 배운 다양한 기능을 활용하여 스케치한 내용을 바탕으로 3D 모델링 작품을 완성해 봅니다.

01 ## 탐사 자동차 만들기

❶ 블렌더 프로그램을 실행하여 '큐브' 오브젝트를 선택한 후 Delete 키를 눌러 삭제하고 Shift + A 키를 눌러 [추가] 팝업 창이 나타나면 [메쉬]-[실린더]를 클릭합니다.

❷ '실린더' 오브젝트를 선택하고 [프로퍼티] 창의 [오브젝트 프로퍼티스(■)]를 클릭한 후 '회전' 항목의 X축에 '90'을 입력하고 Enter 키를 누릅니다.

❸ 이어서 S 키와 Y 키를 이용하여 오브젝트의 높이를 조절한 후 [모드]를 [에디트 모드]로 변경하고 [페이스(■)]를 클릭합니다.

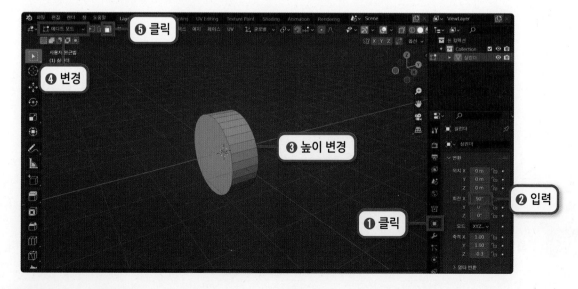

❹ 다음 내용을 참고하여 우주 탐사 자동차의 바퀴를 완성해 봅니다.

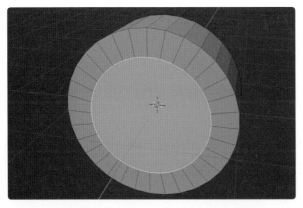

▲ 페이스(면)를 선택하고 E 키를 눌러 페이스를 추가한 후 S 키를 누르고 드래그하여 크기를 조절합니다.

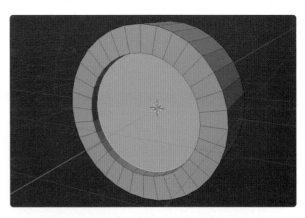

▲ E 키를 눌러 페이스를 추가한 후 마우스를 안쪽으로 드래그하여 높이를 조절합니다.

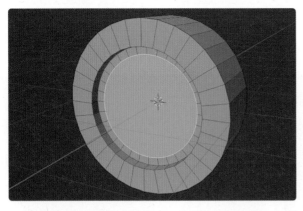

▲ E 키를 눌러 페이스를 추가한 후 S 키를 누르고 드래그하여 크기를 조절합니다.

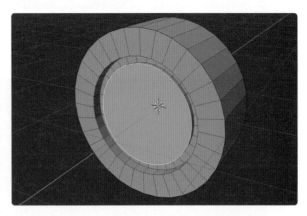

▲ E 키를 눌러 페이스를 추가한 후 마우스를 바깥쪽으로 드래그하여 높이를 조절합니다.

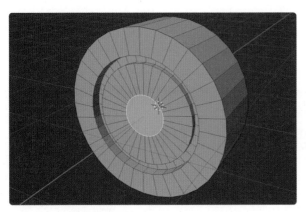

▲ E 키를 눌러 페이스를 추가한 후 S 키를 누르고 드래그하여 크기를 조절합니다.

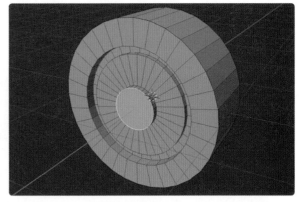

▲ E 키를 눌러 페이스를 추가한 후 마우스를 바깥쪽으로 드래그하여 높이를 조절합니다.

❺ [모드]를 [오브젝트 모드]로 변경하고 Shift + A 키를 눌러 [추가] 팝업 창이 나타나면 [메쉬]-
[큐브]를 클릭합니다.

❻ 이어서 '큐브' 오브젝트를 '바퀴' 오브젝트 옆으로 이동시킨 후 다음 내용을 참고하여 우주 탐사
자동차의 몸체를 완성해 봅니다.

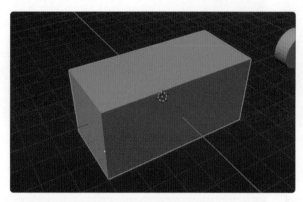

▲ S 키와 X 키를 누르고 드래그하여 오브젝트의 너비를
조절한 후 [모드]를 [에디트 모드]로 변경합니다.

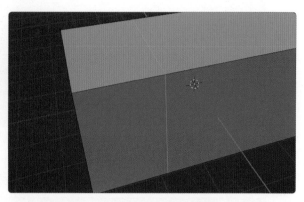

▲ Ctrl + R 키를 이용하여 루프를 잘라낸 후 드래그하여
그림과 같이 주황색 선을 이동시킵니다.

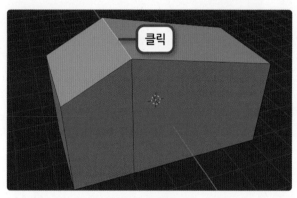

▲ 3D 뷰포트 창 상단의 [edge(🔳)]를 클릭한 후 위쪽 선을
클릭하고 G 키와 Z 키를 누르고 마우스를 위쪽으로
드래그하여 높이를 조절합니다.

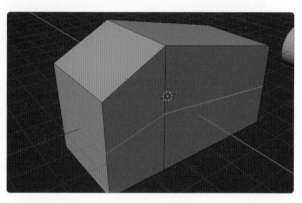

▲ Ctrl + R 키를 이용하여 그림과 같이 루프 중간을 잘라
냅니다.

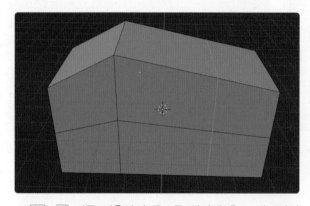

▲ Ctrl + R 키를 이용하여 루프를 잘라낸 후 드래그하여
그림과 같이 주황색 선을 이동시킵니다.

▲ 앞쪽 선을 클릭한 후 Ctrl + B 키를 눌러 베벨 기능을
실행하고 마우스 드래그와 휠을 이용하여 각진 면을
부드럽게 만듭니다(베벨 기능 : 9차시 참고).

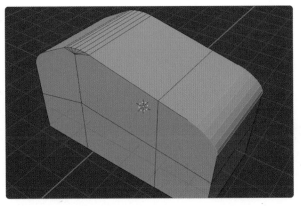

▲ 같은 방법으로 오브젝트의 위쪽과 뒤쪽도 베벨 기능을 이용하여 부드럽게 만듭니다.

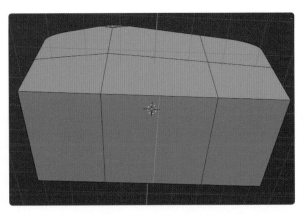

▲ 오브젝트의 아래쪽 면이 보이도록 화면을 회전시킨 후 Ctrl + R 키를 이용하여 바닥면의 루프를 잘라냅니다.

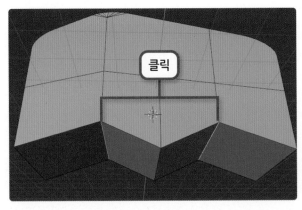

클릭

▲ Shift 키를 누른 상태로 양쪽 선을 선택한 후 G 키와 Z 키를 누르고 드래그하여 높이를 조절합니다.

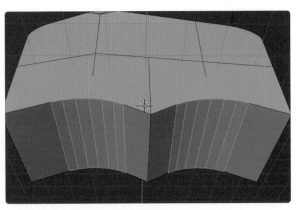

▲ Ctrl + B 키를 눌러 베벨 기능을 실행한 후 마우스 드래그와 휠을 이용하여 각진 면을 부드럽게 만듭니다.

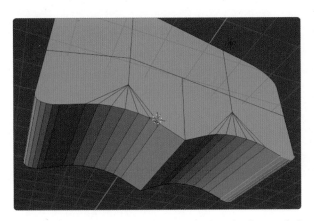

▲ 같은 방법으로 오브젝트 바닥면의 앞쪽과 뒤쪽도 베벨 기능을 이용하여 부드럽게 만듭니다.

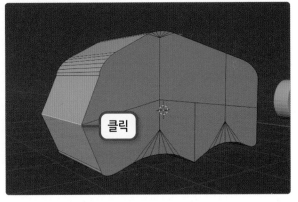

클릭

▲ 오브젝트의 앞쪽이 보이도록 화면을 회전시키고 앞쪽 선을 선택한 후 G 키와 X 키를 누르고 드래그하여 너비를 조절합니다.

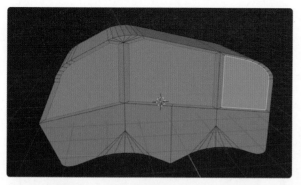

▲ [페이스(■)]를 클릭한 후 Shift 키를 누른 상태로 창문이 될 페이스를 각각 선택합니다. I 키를 눌러 개별(I): (ON)으로 변경한 후 드래그하여 페이스의 크기를 작게 조절합니다.

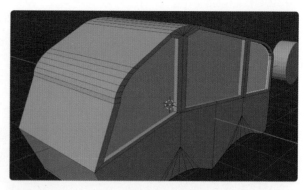

▲ E 키를 눌러 페이스를 추가한 후 마우스를 안쪽으로 드래그합니다.

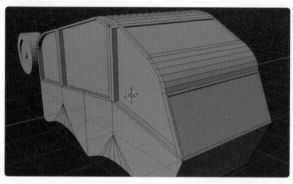

▲ 화면을 회전시킨 후 반대편도 같은 방법으로 자동차 창문을 완성합니다.

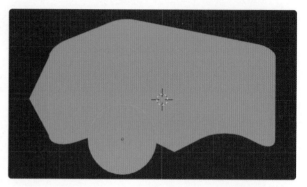

▲ [모드]를 [오브젝트 모드]로 변경한 후 '바퀴' 오브젝트를 선택하고 자동차 본체의 위치로 이동시킵니다.

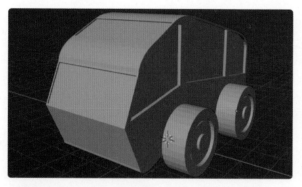

▲ Shift+D 키를 눌러 바퀴를 복제한 후 같은 방법으로 자동차 본체에 바퀴 4개를 붙입니다.

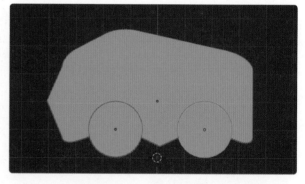

▲ A 키를 눌러 오브젝트 전체를 선택하고 숫자 패드의 1 키를 눌러 '앞쪽 정사법'으로 변경한 후 우주 탐사 자동차가 X축(빨간색) 위쪽으로 올라오도록 이동시킵니다.

Tip

- 키보드 오른쪽 숫자 패드의 1 키와 3 키를 이용하여 화면의 시점을 변경하며 '바퀴' 오브젝트를 이동시키면 작업이 편리합니다.
- 자동차 반대쪽에 바퀴를 붙일 때는 복제된 '바퀴' 오브젝트를 선택하고 [프로퍼티] 창의 [오브젝트 프로퍼티스(■)]를 클릭하여 '회전' 항목의 Z축에 '180'을 입력한 후 Enter 키를 눌러 회전시켜 작업합니다.

02 탐사 자동차 채색하기

❶ 3D 뷰포트 창 오른쪽 상단의 [매테리얼 미리보기(⬤)]를 클릭한 후 [프로퍼티] 창의 [매트리얼 프로퍼티스(⬤)]를 이용하여 다음 내용을 바탕으로 우주 탐사 자동차를 채색해 봅니다.

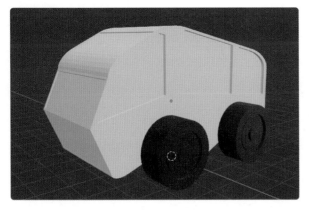

▲ 탐사 자동차의 '바퀴' 오브젝트를 각각 선택한 후 [매트리얼 프로퍼티스(⬤)]를 이용하여 채색합니다.

▲ '바퀴' 오브젝트를 선택하고 [모드]를 [에디트 모드]로 변경한 후 [매트리얼 프로퍼티스(⬤)]를 이용하여 각 페이스를 채색합니다.

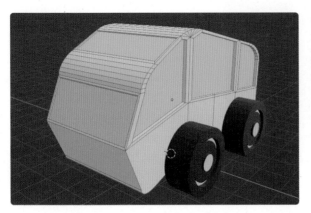

▲ 다시 [오브젝트 모드]에서 '몸체' 오브젝트를 선택하고 [모드]를 [에디트 모드]로 변경한 후 그림과 같이 채색합니다.

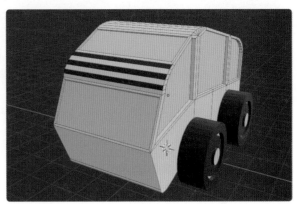

▲ [매트리얼 프로퍼티스(⬤)]를 이용하여 탐사 자동차를 자유롭게 채색해 봅니다.

❷ 완성한 작품은 [파일]-[내보내기]-[Wavefront(.obj)]를 클릭하여 저장 위치와 파일 이름('car')을 지정한 후 저장하고 'car.obj' 파일과 'car.mtl' 파일을 함께 압축합니다.

21 Chapter

탐사 우주선 만들기

학습내용 알아보기

- 실린더 오브젝트로 탐사 우주선 몸체를 만드는 방법을 알아봅니다.
- 실린더 오브젝트로 탐사 우주선 부품을 만드는 방법을 알아봅니다.
- 탐사 우주선을 채색하는 방법을 알아봅니다.

◆ **예제 파일** | 없음   ◆ **완성 파일** | spaceship.obj

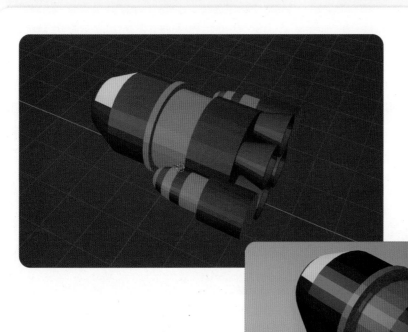

학습 목표

- 페이스 돌출을 이용하여 오브젝트의 모양을 변경할 수 있습니다.
- 루프 잘라내기를 이용하여 페이스를 나눌 수 있습니다.
- 베벨을 이용하여 각진 면을 부드럽게 만들 수 있습니다.
- 매트리얼 프로퍼티스를 이용하여 오브젝트와 페이스를 채색할 수 있습니다.

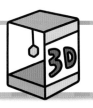

01   3D 모델링 작품 스케치하기

▶▶ 블렌더를 이용하여 모델링하기 전 3D 모델링에 사용할 오브젝트를 확인하고, 모델링할 작품을
스케치해 봅니다.

● 사용할 오브젝트 확인하기

▲ 실린더

● 작품 스케치하기

이번 시간에는 앞서 배운 블렌더의 다양한 기능을 활용하여 우주를 탐사하는 우주선을 모델링하려고 합니다.
실린더 오브젝트를 이용하여 만들고 싶은 탐사 우주선을 스케치해 봅니다.

 Tip   사용할 오브젝트를 확인하고 해당 오브젝트만 이용하여 모델링할 수 있도록 작품을 스케치합니다.

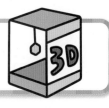

02 | 3D 모델링 작품 만들기

▶▶ 앞서 배운 다양한 기능을 활용하여 스케치한 내용을 바탕으로 3D 모델링 작품을 완성해 봅니다.

01 탐사 우주선 만들기

❶ 블렌더 프로그램을 실행하여 '큐브' 오브젝트를 선택한 후 Delete 키를 눌러 삭제하고 Shift + A 키를 눌러 [추가] 팝업 창이 나타나면 [메쉬]-[실린더]를 클릭합니다.

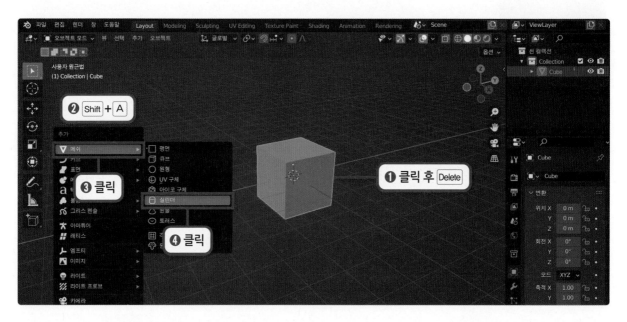

❷ '실린더' 오브젝트를 선택하고 [프로퍼티] 창의 [오브젝트 프로퍼티스(■)]를 클릭하여 '회전' 항목의 X축에 '90'을 입력한 후 Enter 키를 누릅니다. 이어서 [모드]를 [에디트 모드]로 변경합니다.

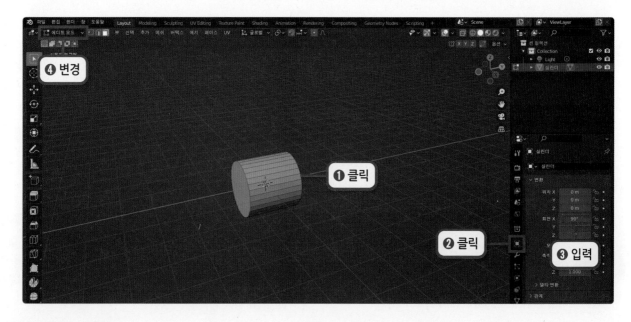

❸ 다음 내용을 참고하여 탐사 우주선을 완성해 봅니다.

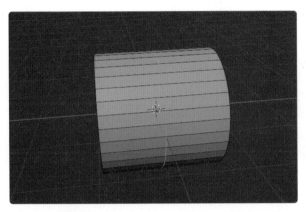

▲ [페이스(■)]를 클릭하고 Ctrl+R 키를 이용하여 그림과 같이 루프를 잘라냅니다.

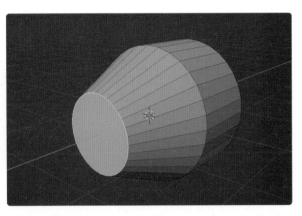

▲ 앞쪽 페이스를 선택한 후 S 키를 누르고 드래그하여 크기를 조절합니다.

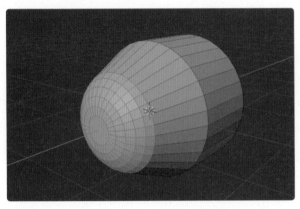

▲ Ctrl+B 키를 눌러 베벨 기능을 실행한 후 마우스 드래 그와 휠을 이용하여 각진 면을 부드럽게 만듭니다.

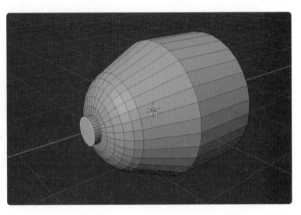

▲ 앞쪽 페이스를 선택하고 E 키를 눌러 페이스를 추가한 후 마우스를 바깥쪽으로 드래그하여 높이를 조절합니다.

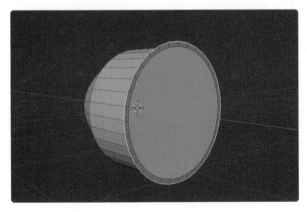

▲ 뒤쪽 페이스를 선택하고 E 키를 눌러 페이스를 추가한 후 S 키를 누르고 드래그하여 크기를 조절합니다.

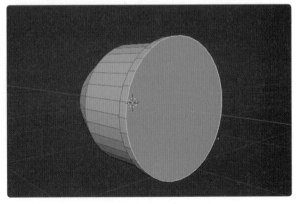

▲ E 키를 눌러 페이스를 추가한 후 마우스를 바깥쪽으로 드래그하여 높이를 조절합니다.

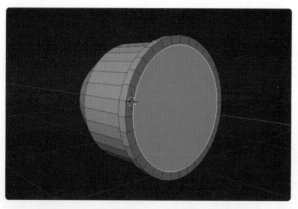

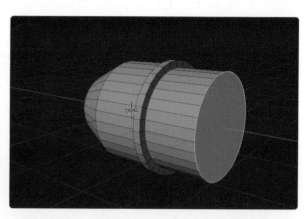

▲ E 키를 눌러 페이스를 추가한 후 S 키를 누르고 드래 그하여 크기를 조절합니다.

▲ E 키를 눌러 페이스를 추가한 후 마우스를 바깥쪽으로 드래그하여 높이를 조절합니다.

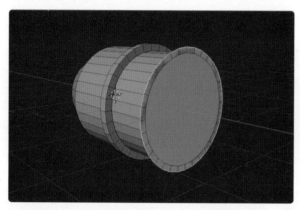

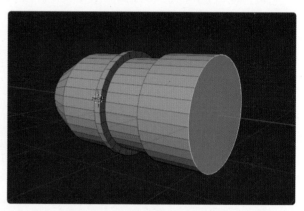

▲ E 키를 눌러 페이스를 추가한 후 S 키를 누르고 드래 그하여 크기를 조절합니다.

▲ E 키를 눌러 페이스를 추가한 후 마우스를 바깥쪽으로 드래그하여 높이를 조절합니다.

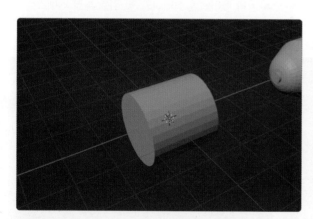

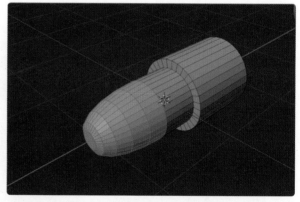

▲ [모드]를 [오브젝트 모드]로 변경한 후 '실린더' 오브젝 트를 추가하고 [프로퍼티] 창의 [오브젝트 프로퍼티스 (■)]를 클릭하여 '회전' 항목의 X축에 '90'을 입력하고 Enter 키를 누릅니다.

▲ 다시 [모드]를 [에디트 모드]로 변경한 후 앞서 배운 내용을 바탕으로 그림과 같이 우주선의 연료탱크를 만듭니다.

Tip 오브젝트를 추가할 때 기존 오브젝트와 겹치지 않도록 기존 오브젝트의 위치를 이동시킨 후 새로운 오브젝트를 추가합니다.

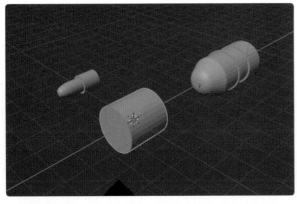

▲ [모드]를 [오브젝트 모드]로 변경한 후 '실린더' 오브젝트를 추가하고 [프로퍼티] 창의 [오브젝트 프로퍼티스( )]를 클릭하여 '회전' 항목의 X축에 '90'을 입력하고 Enter 키를 누릅니다.

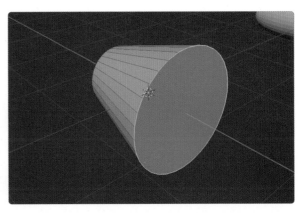

▲ 다시 [모드]를 [에디트 모드]로 변경한 후 뒤쪽 페이스를 선택하고 S 키를 누르고 드래그하여 크기를 조절합니다.

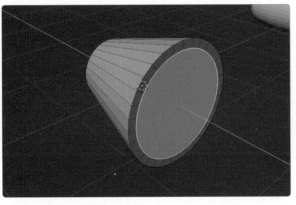

▲ I 키를 눌러 개별(I): (ON)으로 변경한 후 S 키를 누르고 드래그하여 크기를 조절합니다.

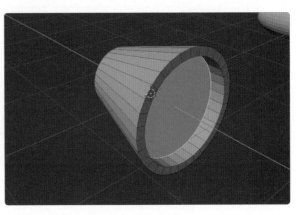

▲ E 키를 눌러 페이스를 추가한 후 마우스를 안쪽으로 드래그하여 우주선의 엔진을 완성합니다.

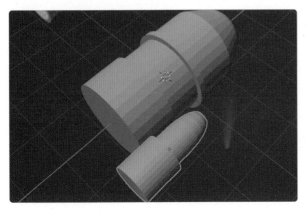

▲ [모드]를 [오브젝트 모드]로 변경한 후 앞서 만든 우주선의 연료탱크를 우주선 몸체에 붙입니다.

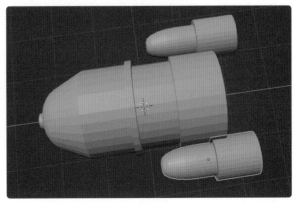

▲ Shift + D 키를 눌러 '연료탱크' 오브젝트를 복제하여 우주선 몸체 반대쪽에도 붙입니다.

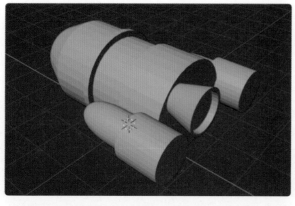

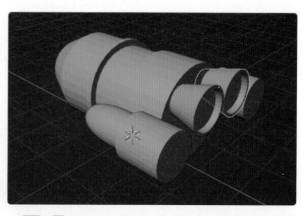

▲ '엔진' 오브젝트의 크기를 조절한 후 화면의 시점을 변경해 가며 우주선 몸체에 붙입니다.

▲ Shift+D 키를 눌러 '엔진' 오브젝트를 복제한 후 우주선 몸체에 붙입니다.

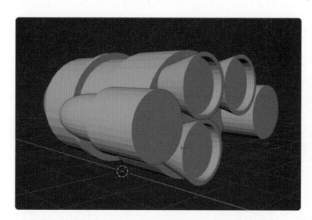

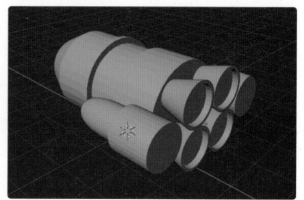

▲ 같은 방법으로 '엔진' 오브젝트를 그림과 같이 우주선 몸체에 붙입니다.

Tip

'엔진' 오브젝트를 미리 복제하지 않고 우주선 몸체에 붙인 후 Shift+D 키를 눌러 복제하여 위치를 이동하면 더욱 쉽게 위치를 조절할 수 있습니다.

탐사 우주선 채색하기

❶ 3D 뷰포트 창 오른쪽 상단의 [매테리얼 미리보기(◉)]를 클릭한 후 [프로퍼티] 창의 [매트리얼 프로퍼티스(◉)]를 이용하여 다음 내용을 바탕으로 탐사 우주선을 채색해 봅니다.

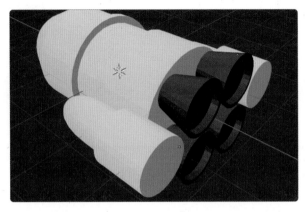

▲ 탐사 우주선의 '엔진' 오브젝트를 각각 선택한 후 [매트리얼 프로퍼티스(◉)]를 이용하여 채색합니다.

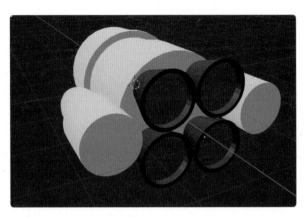

▲ '엔진' 오브젝트를 선택하고 [모드]를 [에디트 모드]로 변경한 후 [매트리얼 프로퍼티스(◉)]를 이용하여 각 페이스를 채색합니다.

▲ 다시 [오브젝트 모드]에서 '연료탱크' 오브젝트를 선택하고 [모드]를 [에디트 모드]로 변경한 후 그림과 같이 채색합니다.

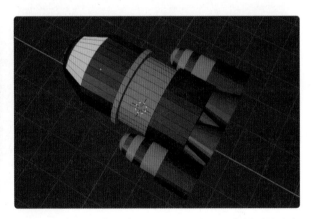

▲ 같은 방법으로 '몸체' 오브젝트도 자유롭게 채색합니다.

채색이 완료되면 [오브젝트 모드]에서 Ⓐ 키를 눌러 오브젝트 전체를 선택한 후 키보드 오른쪽 숫자 패드의 ① 키를 눌러 '앞쪽 정사법'으로 전환하여 탐사 우주선이 X축(빨간색) 위쪽으로 올라오도록 이동시킵니다.

❷ 완성한 작품은 [파일]-[내보내기]-[Wavefront(.obj)]를 클릭하여 저장 위치와 파일 이름 ('spaceship')을 지정한 후 저장하고 'spaceship.obj' 파일과 'spaceship.mtl' 파일을 함께 압축합니다.

22

Chapter

탐사 로봇 만들기

학습내용 알아보기

- UV 구체 오브젝트로 탐사 로봇의 얼굴을 만드는 방법을 알아봅니다.
- 실린더 오브젝트로 탐사 로봇의 몸을 만드는 방법을 알아봅니다.
- 탐사 로봇을 채색하는 방법을 알아봅니다.

◆ **예제 파일** | 없음 ◆ **완성 파일** | robot.obj

학습 목표

- 페이스 돌출을 이용하여 오브젝트의 모양을 변경할 수 있습니다.
- 루프 잘라내기를 이용하여 페이스를 나눌 수 있습니다.
- 베벨을 이용하여 각진 면을 부드럽게 만들 수 있습니다.
- 매트리얼 프로퍼티스를 이용하여 오브젝트와 페이스를 채색할 수 있습니다.

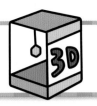

01 3D 모델링 작품 스케치하기

▶▶ 블렌더를 이용하여 모델링하기 전 3D 모델링에 사용할 오브젝트를 확인하고, 모델링할 작품을 스케치해 봅니다.

● 사용할 오브젝트 확인하기

▲ UV 구체

▲ 실린더

● 작품 스케치하기

이번 시간에는 앞서 배운 블렌더의 다양한 기능을 활용하여 우주를 탐사하는 탐사 로봇을 모델링하려고 합니다. UV 구체 오브젝트와 실린더 오브젝트를 이용하여 만들고 싶은 탐사 로봇을 스케치해 봅니다.

 Tip 사용할 오브젝트를 확인하고 해당 오브젝트만 이용하여 모델링할 수 있도록 작품을 스케치합니다.

▶▶ 앞서 배운 다양한 기능을 활용하여 스케치한 내용을 바탕으로 3D 모델링 작품을 완성해 봅니다.

01 탐사 로봇 만들기

❶ 블렌더 프로그램을 실행하여 '큐브' 오브젝트를 선택한 후 Delete 키를 눌러 삭제하고 Shift + A 키를 눌러 [추가] 팝업 창이 나타나면 [메쉬]-[UV 구체]를 클릭합니다.

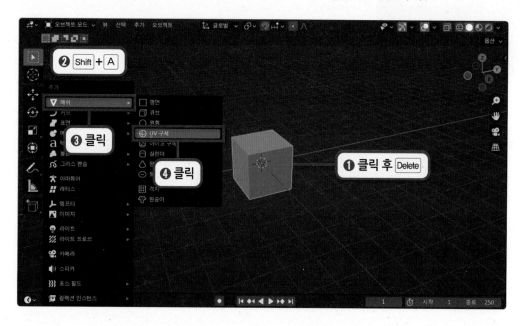

❷ 키보드 오른쪽 숫자 패드의 1 키를 눌러 화면을 '앞쪽 정사법'으로 전환한 후 G 키와 Z 키를 누르고 마우스를 드래그하여 오브젝트를 X축(빨간색) 위쪽으로 이동시킵니다.

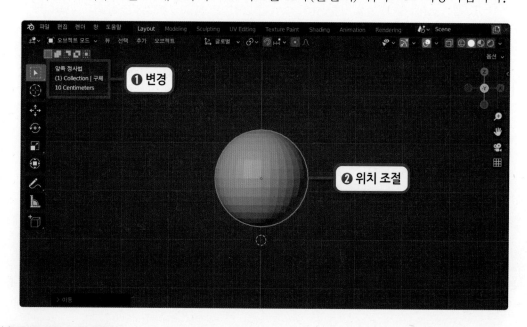

❸ [모드]를 [에디트 모드]로 변경한 후 다음 내용을 참고하여 탐사 로봇의 얼굴을 완성해 봅니다.

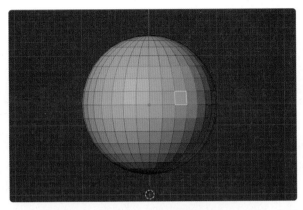

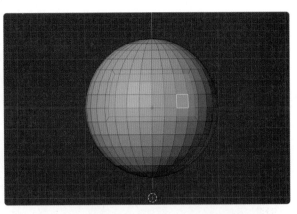

▲ 3D 뷰포트 창 상단의 [페이스(⬛)]를 클릭한 후 Shift 키를 누른 상태로 로봇의 얼굴이 될 부분을 선택합니다.

▲ I 키를 눌러 개별(I): (OFF)로 변경한 후 마우스를 드래 그하여 선택된 페이스의 크기를 작게 조절합니다.

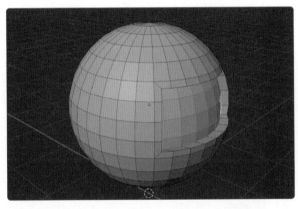

▲ E 키를 눌러 페이스를 추가한 후 마우스를 안쪽으로 드래그하여 높이를 조절합니다.

▲ 3D 뷰포트 창 상단의 [edge(◼)]를 클릭한 후 Alt 키를 누른 상태로 로봇의 얼굴 바깥쪽 선을 클릭합니다.

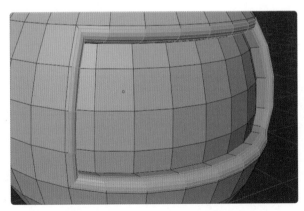

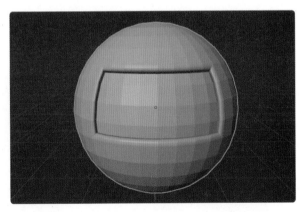

▲ Ctrl + B 키를 눌러 베벨 기능을 실행한 후 마우스 드래 그와 휠을 이용하여 각진 면을 부드럽게 만듭니다.

▲ [모드]를 [오브젝트 모드]로 변경한 후 추가할 오브젝트와 겹치지 않도록 G 키를 이용하여 로봇의 얼굴 위치를 조절합니다.

④ Shift+A 키를 눌러 [추가] 팝업 창이 나타나면 [메쉬]−[실린더]를 클릭하여 오브젝트를 추가한 후 다음 내용을 참고하여 탐사 로봇의 몸을 완성해 봅니다.

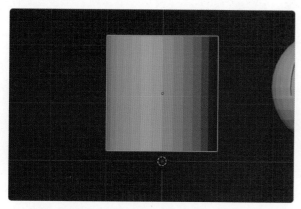

▲ 화면을 '앞쪽 정사법'으로 전환한 후 G 키와 Z 키를 누르고 마우스를 드래그하여 오브젝트의 위치를 X축 (빨간색) 위쪽으로 이동시킵니다.

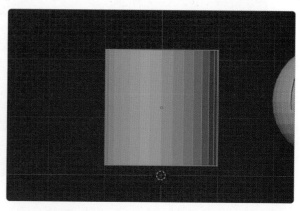

▲ [모드]를 [에디트 모드]로 변경한 후 3D 뷰포트 창 상단의 [edge(🟦)]를 클릭합니다.

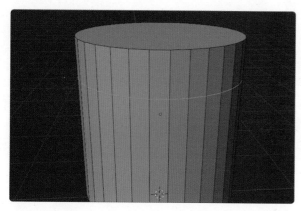

▲ Ctrl+R 키를 이용하여 루프를 잘라낸 후 마우스를 드래그하여 그림과 같이 주황색 선을 이동시킵니다.

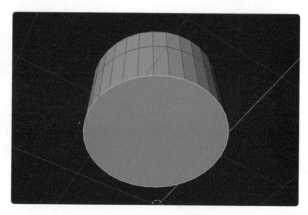

▲ 3D 뷰포트 창 상단의 [페이스(🟦)]를 클릭하고 아래쪽 페이스(면)를 선택한 후 G 키와 Z 키를 누르고 마우스를 위쪽으로 드래그하여 높이를 조절합니다.

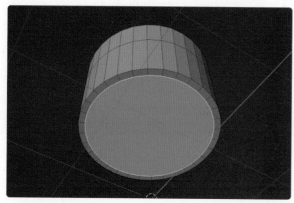

▲ E 키를 눌러 페이스를 추가한 후 S 키를 누르고 드래그하여 크기를 조절합니다.

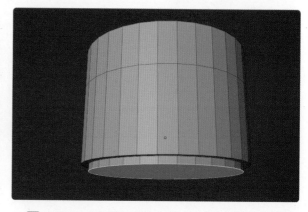

▲ E 키를 눌러 페이스를 추가한 후 마우스를 아래쪽으로 드래그하여 높이를 조절합니다.

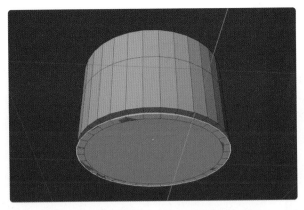

▲ E 키를 눌러 페이스를 추가한 후 S 키를 누르고 드래그하여 크기를 조절합니다.

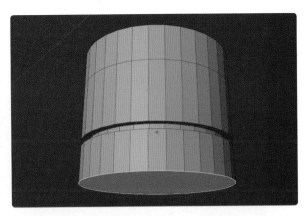

▲ E 키를 눌러 페이스를 추가한 후 마우스를 아래쪽으로 드래그하여 높이를 조절합니다.

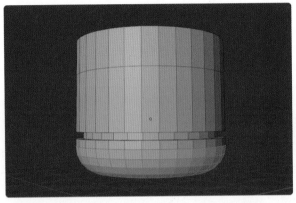

▲ Ctrl+B 키를 눌러 베벨 기능을 실행한 후 마우스 드래그와 휠을 이용하여 각진 면을 부드럽게 만듭니다.

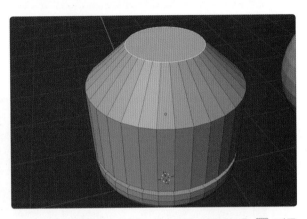

▲ 화면을 회전시켜 위쪽 페이스를 선택한 후 S 키를 누르고 드래그하여 크기를 조절합니다.

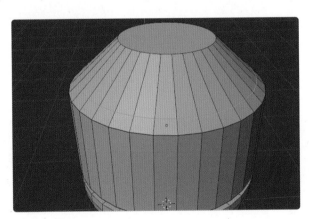

▲ Ctrl+R 키를 이용하여 루프를 잘라낸 후 마우스를 드래그하여 그림과 같이 주황색 선을 이동시킵니다.

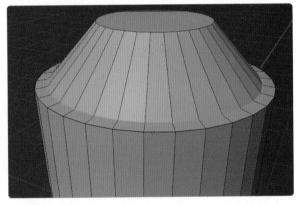

▲ G 키와 Z 키를 누르고 마우스를 아래쪽으로 드래그하여 잘라낸 루프의 높이를 조절합니다.

❺ [모드]를 [오브젝트 모드]로 변경한 후 추가할 오브젝트와 겹치지 않도록 G 키를 이용하여 로봇의 몸 위치를 조절합니다.

❻ Shift + A 키를 눌러 [추가] 팝업 창이 나타나면 [메쉬]-[UV 구체]를 클릭하여 오브젝트를 추가한 후 다음 내용을 참고하여 탐사 로봇의 팔을 완성해 봅니다.

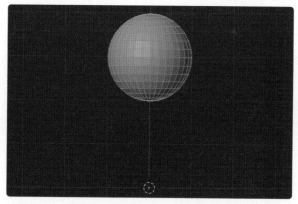

▲ [모드]를 [에디트 모드]로 변경하고 화면을 '앞쪽 정사법'으로 전환한 후 G 키와 Z 키를 누르고 마우스를 위쪽으로 드래그하여 오브젝트의 높이를 조절합니다.

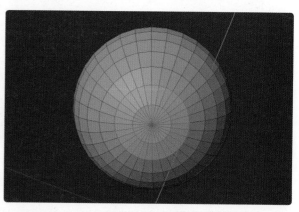

▲ 3D 뷰포트 창 상단의 [페이스(■)]를 클릭하고 아래쪽 페이스가 보이도록 화면을 회전시킨 후 Shift 키를 누르고 그림과 같이 페이스를 선택합니다.

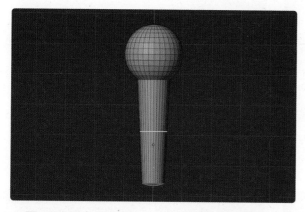

▲ G 키와 Z 키를 누르고 마우스를 아래쪽으로 드래그한 후 Ctrl + R 키를 이용하여 루프를 잘라냅니다.

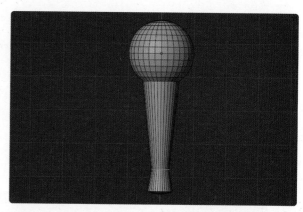

▲ 루프가 나뉘어지면 마우스를 드래그하여 그림과 같이 주황색 선을 이동시킨 후 S 키를 누르고 드래그하여 두께를 조절합니다.

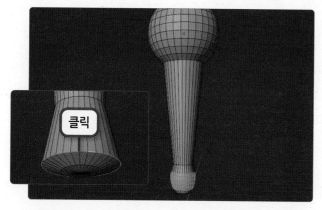

▲ Alt 키를 누른 상태로 아래쪽 선을 선택한 후 Ctrl + B 키를 눌러 베벨 기능을 실행하여 각진 면을 부드럽게 만듭니다.

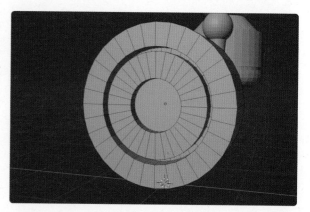

▲ [모드]를 [오브젝트 모드]로 변경한 후 '실린더' 오브젝트를 추가하여 탐사 로봇의 바퀴를 만듭니다(바퀴 만드는 법 : 20차시 참고).

탐사 로봇 채색하기

❶ [모드]를 [오브젝트 모드]로 변경하고 3D 뷰포트 창 오른쪽 상단의 [매테리얼 미리보기(🔵)]를 클릭한 후 [프로퍼티] 창의 [매트리얼 프로퍼티스(🔘)]를 이용하여 다음 내용을 바탕으로 탐사 로봇을 채색해 봅니다.

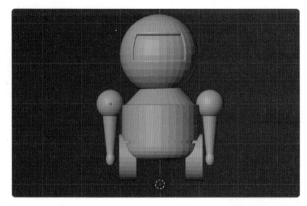

▲ Shift+D 키를 눌러 '팔' 오브젝트와 '바퀴' 오브젝트를 복제한 후 이동시켜 그림과 같이 탐사 로봇을 완성하고 탐사 로봇의 '얼굴' 오브젝트를 선택합니다.

▲ [모드]를 [에디트 모드]로 변경한 후 3D 뷰포트 창 상단의 [페이스(⬛)]를 클릭하고 [매트리얼 프로퍼티스(🔘)]를 이용하여 각 페이스를 채색합니다.

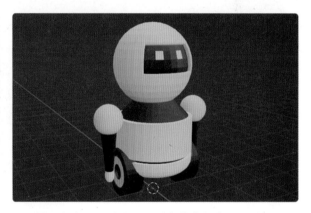

▲ 다시 [오브젝트 모드]에서 탐사 로봇의 '몸' 오브젝트를 선택하고 [모드]를 [에디트 모드]로 변경한 후 그림과 같이 채색합니다.

▲ 같은 방법으로 탐사 로봇의 '팔', '바퀴' 오브젝트를 그림과 같이 채색합니다.

Tip

채색이 완료되면 [오브젝트 모드]에서 A 키를 눌러 오브젝트 전체를 선택한 후 키보드 오른쪽 숫자 패드의 1 키를 눌러 '앞쪽 정사법'으로 전환하여 탐사 로봇이 X축(빨간색) 위쪽으로 올라오 도록 이동시킵니다.

❷ 완성한 작품은 [파일]-[내보내기]-[Wavefront(.obj)]를 클릭하여 저장 위치와 파일 이름 ('robot')을 지정한 후 저장하고 'robot.obj' 파일과 'robot.mtl' 파일을 함께 압축합니다.

23
Chapter

탐사 기지 만들기

학습내용 알아보기

- 토러스 오브젝트로 탐사 기지를 만드는 방법을 알아봅니다.
- 탐사 기지의 창문을 만드는 방법을 알아봅니다.
- 탐사 기지를 채색하는 방법을 알아봅니다.

◆ **예제 파일** | 없음 ◆ **완성 파일** | house.obj

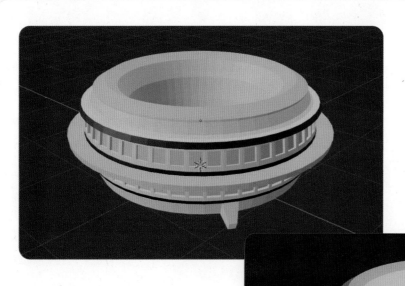

학습 목표

- 페이스 돌출을 이용하여 오브젝트의 모양을 변경할 수 있습니다.
- 루프 잘라내기를 이용하여 페이스를 나눌 수 있습니다.
- 개별 오리진을 이용하여 페이스가 구심점 방향으로 돌출되도록 할 수 있습니다.
- 매트리얼 프로퍼티스를 이용하여 오브젝트와 페이스를 채색할 수 있습니다.

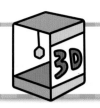

01 3D 모델링 작품 스케치하기

▶▶ 블렌더를 이용하여 모델링하기 전 3D 모델링에 사용할 오브젝트를 확인하고, 모델링할 작품을 스케치해 봅니다.

● 사용할 오브젝트 확인하기

▲ 토러스

● 작품 스케치하기

이번 시간에는 앞서 배운 블렌더의 다양한 기능을 활용하여 탐사 자동차, 탐사 우주선, 탐사 로봇을 보관할 수 있는 탐사 기지를 모델링하려고 합니다. 토러스 오브젝트를 이용하여 만들고 싶은 탐사 기지를 스케치해 봅니다.

Tip 사용할 오브젝트를 확인하고 해당 오브젝트만 이용하여 모델링할 수 있도록 작품을 스케치합니다.

02 3D 모델링 작품 만들기

▶▶ 앞서 배운 다양한 기능을 활용하여 스케치한 내용을 바탕으로 3D 모델링 작품을 완성해 봅니다.

01 탐사 기지 만들기

❶ 블렌더 프로그램을 실행하여 '큐브' 오브젝트를 선택한 후 Delete 키를 눌러 삭제하고 Shift + A 키를 눌러 [추가] 팝업 창이 나타나면 [메쉬]–[토러스]를 클릭합니다.

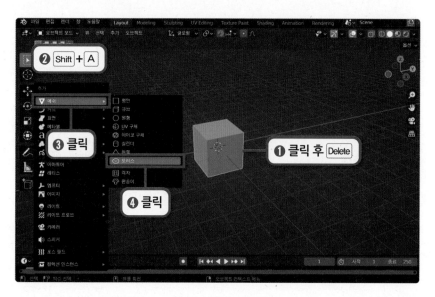

❷ '토러스' 오브젝트를 선택한 후 S 키와 Z 키를 누르고 마우스를 드래그하여 오브젝트의 높이를 조절합니다.

❸ 키보드 오른쪽 숫자 패드의 1 키를 눌러 화면을 '앞쪽 정사법'으로 전환한 후 G 키와 Z 키를 누르고 마우스를 드래그하여 오브젝트를 X축(빨간색) 위쪽으로 이동시킵니다.

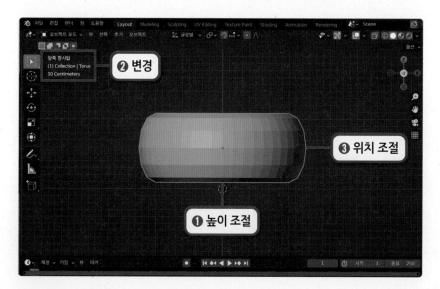

❹ [모드]를 [에디트 모드]로 변경한 후 다음 내용을 참고하여 탐사 기지를 완성해 봅니다.

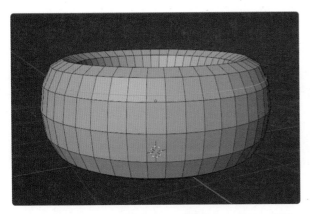

▲ 3D 뷰포트 창 상단의 [페이스(▣)]를 클릭하고 Ctrl+
R 키를 이용하여 루프를 잘라낸 후 마우스를 드래그
하여 그림과 같이 주황색 선을 이동시킵니다.

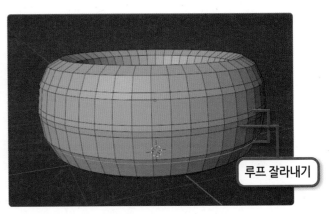

▲ 같은 방법으로 Ctrl+R 키를 이용하여 그림과 같이
루프를 잘라내고 이동시킵니다.

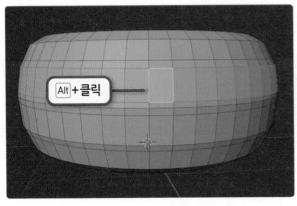

▲ 3D 뷰포트 창 상단의 [페이스(▣)]를 클릭한 후 Alt 키를
누른 상태로 세로 선을 클릭하여 그림과 같이 페이스를
선택합니다.

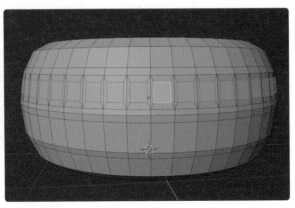

▲ I 키를 눌러 개별(I): (ON)으로 변경한 후 마우스를
드래그하여 페이스의 크기를 작게 조절합니다.

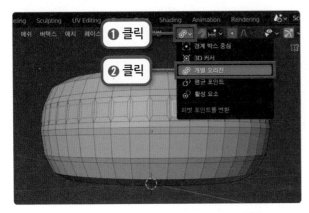

▲ 3D 뷰포트 창 상단의 [피벗 포인트를 변환(🔗)]–[개별
오리진]을 선택합니다.

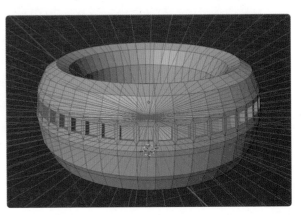

▲ E 키를 눌러 페이스를 추가한 후 마우스를 안쪽으로
드래그합니다.

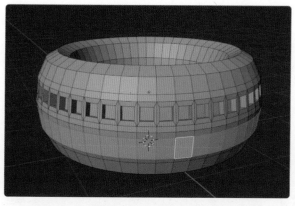

▲ Alt 키를 누른 상태로 그림과 같이 페이스를 선택합니다.

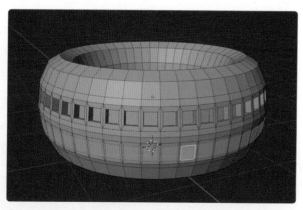

▲ I 키를 눌러 개별(I): (ON)으로 변경한 후 마우스를 드래그하여 페이스의 크기를 작게 조절합니다.

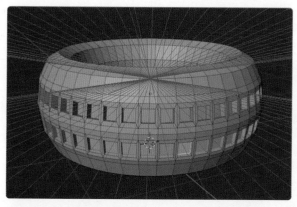

▲ E 키를 눌러 페이스를 추가한 후 마우스를 안쪽으로 드래그합니다.

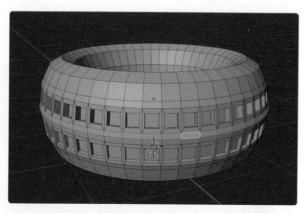

▲ Alt 키를 누른 상태로 그림과 같이 페이스를 선택합니다.

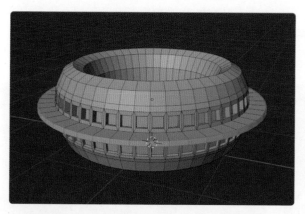

▲ E 키를 눌러 페이스를 추가한 후 S 키를 누르고 드래 그하여 크기를 조절합니다.

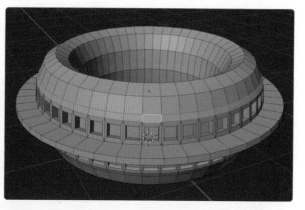

▲ Alt 키를 누른 상태로 그림과 같이 페이스를 선택합니다.

Tip 페이스를 추가한 후 페이스를 돌출시키면 선택된 페이스가 모두 한 방향으로 돌출됩니다. 탐사 기지의 모양이 360도 원형이므로, 선택된 페이스가 각자의 위치에서 원의 중심을 향해 돌출되도록 하기 위해 '개별 오리진'을 선택합니다.

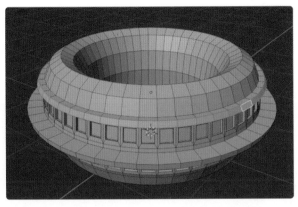

▲ E 키를 눌러 페이스를 추가한 후 S 키를 누르고 드래 그하여 크기를 조절합니다.

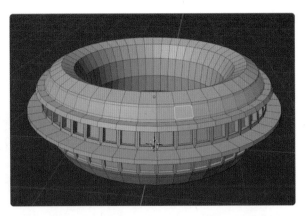

▲ Alt 키를 누른 상태로 그림과 같이 페이스를 선택하고 I 키를 눌러 개별(I): (OFF)로 변경한 후 마우스를 드래 그하여 페이스의 크기를 작게 조절합니다.

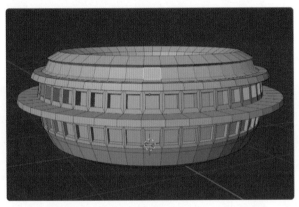

▲ S 키를 누르고 마우스를 안쪽으로 드래그합니다.

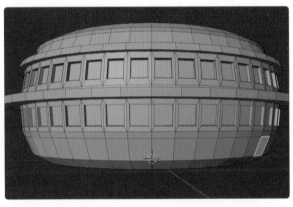

▲ 탐사 기지의 다리를 만들기 위해 Shift 키를 누른 상태로 화면을 회전시키며 다리가 될 페이스를 4개 선택합니다.

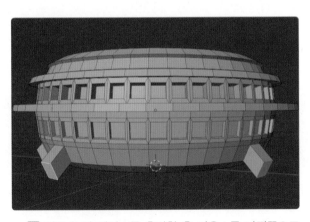

▲ E 키를 눌러 페이스를 추가한 후 마우스를 바깥쪽으로 드래그하여 높이를 조절합니다.

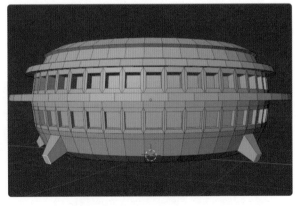

▲ S 키를 누르고 드래그하여 그림과 같이 페이스의 크 기를 조절합니다.

탐사 기지 채색하기

❶ 3D 뷰포트 창 오른쪽 상단의 [매테리얼 미리보기(◐)]를 클릭한 후 [프로퍼티] 창의 [매트리얼 프로퍼티스(◉)]를 이용하여 다음 내용을 바탕으로 탐사 기지를 채색해 봅니다.

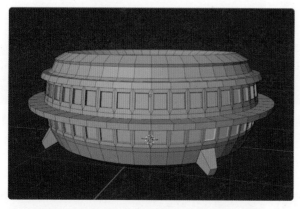

▲ 화면을 회전시켜가며 Shift 키를 누른 상태로 탐사 기지의 창문이 될 페이스를 선택합니다.

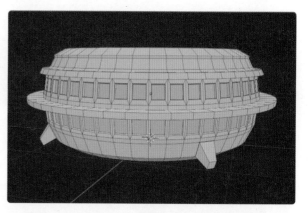

▲ [매트리얼 프로퍼티스(◉)]를 이용하여 탐사 기지의 창문을 채색합니다 .

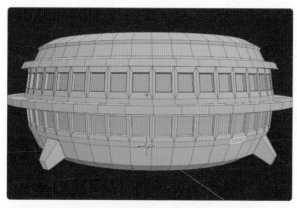

▲ Shift + Alt 키를 누른 상태로 그림과 같이 탐사 기지의 테두리가 될 페이스를 선택합니다.

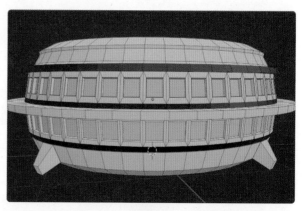

▲ [매트리얼 프로퍼티스(◉)]를 이용하여 탐사 기지의 테두리를 채색합니다.

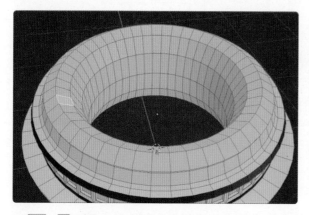

▲ Shift + Alt 키를 누른 상태로 그림과 같이 탐사 기지의 테두리가 될 페이스를 선택합니다.

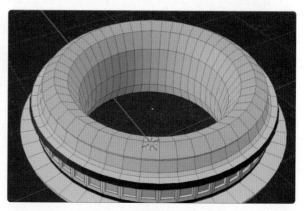

▲ [매트리얼 프로퍼티스(◉)]를 이용하여 탐사 기지의 테두리를 채색합니다.

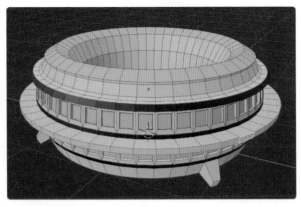

▲ Shift + Alt 키를 누른 상태로 그림과 같이 탐사 기지의 테두리가 될 페이스를 선택합니다.

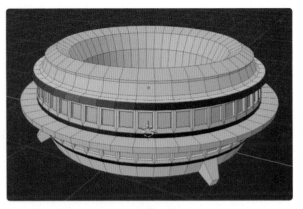

▲ [매트리얼 프로퍼티스(⬤)]를 이용하여 탐사 기지의 테두리를 채색합니다.

❷ 완성한 작품은 [파일]-[내보내기]-[Wavefront(.obj)]를 클릭하여 저장 위치와 파일 이름 ('house')을 지정한 후 저장하고 'house.obj' 파일과 'house.mtl' 파일을 함께 압축합니다.

24
Chapter

우주 탐사 기지 설치하기

학습내용 알아보기

• 오브젝트를 불러와 우주 탐사 기지를 설치하는 방법을 알아봅니다.
• 탐사 로봇이 회전하며 앞으로 이동하도록 하는 방법을 알아봅니다.
• 우주선이 위아래로 이동하도록 하는 방법을 알아봅니다.
• 인공위성이 우주를 회전하도록 하는 방법을 알아봅니다.

◆ **예제 파일** | https://edu.cospaces.io/DWE−ELL ◆ **완성 파일** | https://edu.cospaces.io/KGV−NSE

학습 목표

• 3D모델의 업로드를 이용하여 블렌더로 완성한 3D 오브젝트를 불러올 수 있습니다.
• 탐사 로봇이 앞으로 이동하고 시계 방향으로 회전하도록 코딩할 수 있습니다.
• 우주선이 앞, 위, 아래로 이동하도록 코딩할 수 있습니다.
• 인공위성이 경로를 따라 이동하도록 코딩할 수 있습니다.

01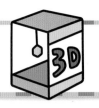

가상현실(VR) 작품 스케치하기

▶▶ 코스페이시스를 이용하여 작품을 만들기 전 완성한 3D 모델링 오브젝트를 어디에 배치하고 꾸밀지 생각하여 작품을 스케치해 봅니다.

● 사용할 오브젝트 확인하기

▲ satellite   ▲ car   ▲ robot   ▲ house   ▲ spaceship

● 작품 스케치하기

이번 시간에는 앞서 만든 3D 모델링 오브젝트를 코스페이시스로 불러와 적절한 장소에 배치하고 코스페이시스의 복제 기능 및 코블록스를 이용하여 우주 속에 탐사 기지를 설치하려고 합니다. 예제 파일을 확인하여 어떤 작품을 완성할지 스케치해 봅니다.

 Tip   예제 파일과 사용할 오브젝트를 확인하고 오브젝트를 어느 곳에 어떻게 배치하면 좋을지 생각하여 스케치합니다.

02 가상현실(VR) 작품 만들기

▶▶ 코스페이시스를 실행하고 앞서 완성한 3D 모델링 오브젝트를 불러와 적절한 곳에 배치한 후 코스페이시스의 복제 기능 및 코블록스를 이용하여 우주 속에 탐사 기지를 설치해 봅니다.

01 3D 모델링 오브젝트 불러오기

❶ 크롬(◉)을 실행하고 코스페이시스 에듀(https://cospaces.io/edu/) 사이트에 접속하여 로그인한 후 주소창에 예제 파일 주소를 입력하여 [리믹스]하거나 [내 학급]-[24강 예제]에 접속합니다.

❷ [업로드]-[3D모델]-[업로드]를 클릭하여 압축해 놓은 'satellite.zip', 'car.zip', 'robot.zip', 'house.zip', 'spaceship.zip' 파일을 업로드합니다.

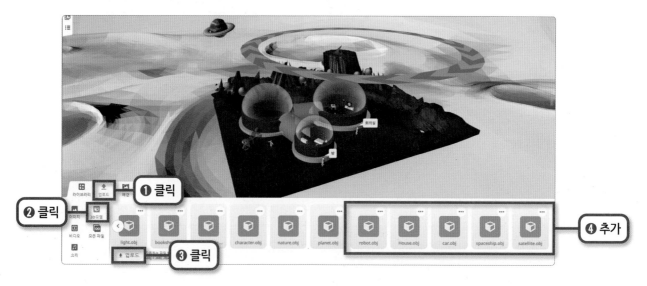

❸ 업로드한 오브젝트들을 장면으로 드래그하여 추가한 후 크기와 위치를 자유롭게 변경합니다.

④ 'house.obj' 오브젝트를 마우스 오른쪽 버튼으로 클릭하여 [속성] 창이 나타나면 [복사]를 클릭하여 여러 개의 탐사 기지를 만듭니다.

⑤ 'robot.obj', 'car.obj' 오브젝트도 ④와 같은 방법으로 복사하여 그림과 같이 장면을 꾸며 봅니다.

02 탐사 기지 코딩하기

❶ '탐사로봇'이 이동하도록 코딩하기 위해 'robot.obj' 오브젝트를 마우스 오른쪽 버튼으로 클릭하여 [속성] 창이 나타나면 이름을 '탐사로봇'으로 변경한 후 [코드]–[코블록스에서 사용]을 활성화 합니다.

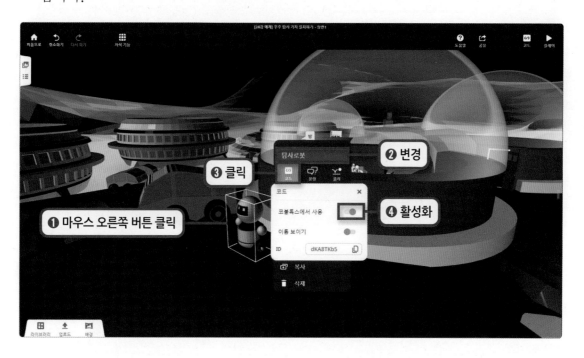

❷ 오른쪽 상단 메뉴의 [코드]–[코블록스 추가(⊕)]–[코블록스]를 클릭하여 새로운 [코블록스] 창을 실행합니다.

❸ '탐사로봇' 오브젝트가 방향을 변경하며 앞으로 이동하도록 코딩하기 위해 [제어], [동작] 카테고 리에서 블록을 드래그하여 그림과 같이 코딩합니다.

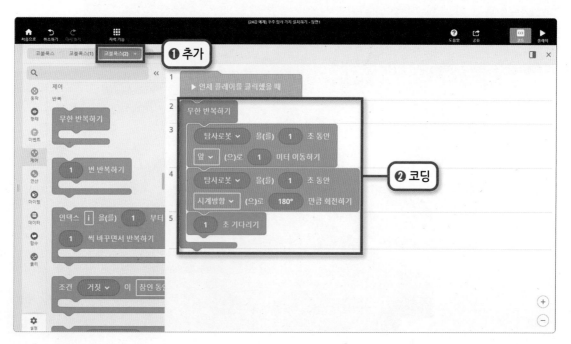

❹ [코블록스] 창의 [닫기(❌)]를 클릭하여 [코블록스] 창을 닫은 후 우주를 날아다니는 '우주선'을 코딩하기 위해 'spaceship.obj' 오브젝트를 마우스 오른쪽 버튼으로 클릭하여 [속성] 창이 나타나면 이름을 '우주선'으로 변경한 후 [코드]-[코블록스에서 사용]을 활성화합니다.

❺ ❷와 같은 방법으로 [코블록스] 창을 추가한 후 '우주선' 오브젝트가 위, 아래로 움직이며 앞으로 이동하도록 [제어], [동작] 카테고리에서 블록을 드래그하여 그림과 같이 코딩합니다.

❻ [코블록스] 창의 [닫기(✖)]를 클릭하여 [코블록스] 창을 닫은 후 '인공위성'이 우주를 회전하도록 코딩하기 위해 'satellite.obj' 오브젝트를 마우스 오른쪽 버튼으로 클릭하여 [속성] 창이 나타나면 이름을 '인공위성'으로 변경한 후 [코드]-[코블록스에서 사용]을 활성화합니다.

❼ '인공위성'이 경로를 따라 이동하도록 하기 위해 [라이브러리]-[특수]-[Round path]를 드래그하여 장면에 추가한 후 크기와 위치를 변경합니다.

❽ 'Round path' 오브젝트를 마우스 오른쪽 버튼으로 클릭하여 [속성] 창이 나타나면 이름을 '위성 경로'로 변경합니다.

Tip 예제 파일 장면에 추가되어 있는 'Round path' 오브젝트는 앞서 만들었던 '행성' 오브젝트의 이동 경로입니다.

❾ ❷와 같은 방법으로 [코블록스] 창을 추가한 후 '인공위성' 오브젝트가 '위성 경로'를 따라 이동하도록 [제어], [동작] 카테고리에서 블록을 드래그하여 그림과 같이 코딩합니다.

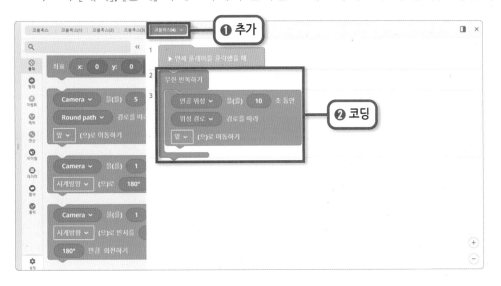

❿ 코딩이 완성되면 오른쪽 상단 메뉴의 [플레이]를 클릭하여 직접 디자인한 우주 속 탐사 기지를 감상해 봅니다.

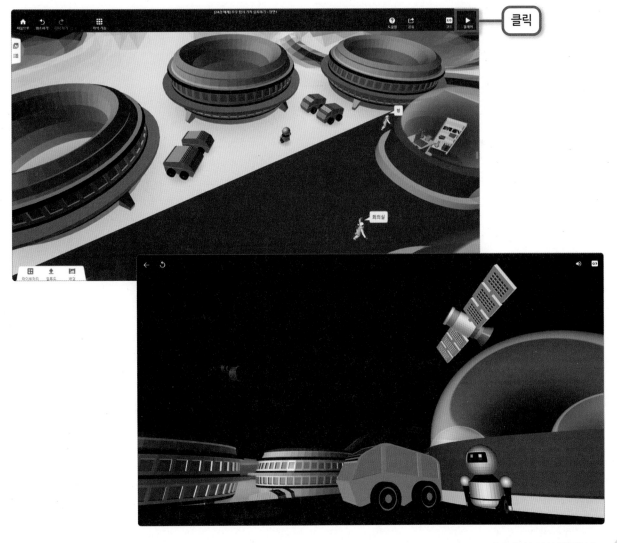

MEMO

MEMO

MEMO